特別編集ダイジェスト版

「私の履歴書」100人が教えてくれた人生を生き抜くヒント

吉田勝昭
Masaaki Yoshida

はじめに

私は社会人になった23歳から58年間、『日本経済新聞』の「私の履歴書」を愛読してきました。「私の履歴書」とは、昭和31年（1956年）3月から連載が開始され、今も掲載されている名物コラムです。この開始から令和4年（2022年）9月までの67年間で、各界の先駆者であり、リーダーたち876名が登場しています。営業職だった私は、初めは、経済人を中心に読んでいました。そのうち当事者ではなければ知り得ない、歴史を作った人たちの貴重なエピソードに魅了され、すべての「履歴書」を読破するほど、読み込みました。「履歴書」では、登場者自身のこと以外にもお世話になった方、親交が深かった人たちのことも記録されています。例えば、伊部恭之助が三島由紀夫のことを、入江相政が昭和天皇の巡幸の様子を記しています。

これらの貴重な証言には、登場者の次世代に「伝えたい」や「知っておいて欲しい」という思いがたくさんあるのです。

そこで、私は好奇心から先達《せんだつ》の強い思いを抽出し、「履歴書」を要約して残しておきたいと思いました。そして、平成30年（２０１８年）から「吉田勝昭の『私の履歴書』研究」として、ホームページ（https://biz-myhistory.com/）で紹介しています。

私は、このホームページを通し、多くの登場者の「私の履歴書」に、何が書かれているのかを一読で概要を把握でき、より多くの人に知っていただきたいと考えました。

私は現代において、明治・大正・昭和を生きた著名人の「私の履歴書」を紹介することで、次世代に人生のヒントや夢を繫げることが可能ならば、昭和・平成・令和に生きた自分にできるささやかな貢献だと思っています。

また、この「私の履歴書」から得られた情報や知識が、私にとっては「人生の教科書」になっています。読者のみなさまにとりましても、何らかのお役に立てる生きた技術や情報になれば、また「私の履歴書」コラムの読み方の参考になれば、望外の喜びとなります。

そしてダイジェスト版に選ばせていただいた１００名に限らず、少しでも多くの他の登場者も読んでいただければ、なお嬉しく思います。

最後に尊敬する登場諸先輩に対し、敬称略の記述をお許しいただきます。

「私の履歴書」研究家　吉田勝昭

特別編集ダイジェスト版

「私の履歴書」100人が教えてくれた

人生を生き抜くヒント

目次

はじめに　1
本書の読み方　11

レンズ越しに覗く被写体の心
秋山　庄太郎（写真家）……14
敗戦日本が分割統治されなかったのは
朝海　浩一郎（元駐米大使）……16
男の甲斐性も時代で変わる
石川　六郎（鹿島建設名誉会長）……18
内閣官房副長官の役割
石原　信雄（元内閣官房副長官）……20
士魂商才の心得
出光　佐三（出光興産社長）……22
安値だけでは商売しない
伊藤　雅俊（イトーヨーカ堂名誉会長）……24
ロケットは知の集大成
糸川　英夫（組織工学研究所所長）……26
生きがいを持たせるには
稲盛　和夫（京セラ名誉会長）……28
父の花柳界指導
稲山　嘉寛（八幡製鐵社長）……30
三島由紀夫とは「君」と「お前」の関係
伊部　恭之助（住友銀行最高顧問）……32
分け隔てなく愛する心
入江　相政（宮内庁侍従長）……34
スターになるための3パターン
植田　紳爾（宝塚歌劇団名誉理事）……36

アウトドア現場主義の真意
梅棹　忠夫（国立民族学博物館顧問）……38

哲学に笑いを採り入れる
梅原　猛（哲学者）……40

遊牧民族のもてなしから学んだもの
江上　波夫（考古学・東洋史学者）……42

恩人、伊藤忠兵衛の見抜く力
越後　正一（伊藤忠商事会長）……44

新築披露で感じた悔しさ
江戸　英雄（三井不動産会長）……46

どんな環境でも心に秘めているもの
遠藤　周作（作家）……48

これからは、キャプテンと呼ぶことにしよう
大賀　典雄（ソニー取締役会議長）……50

女でも、選挙、出られまんのんか？
扇　千景（前参議院議長）……52

タネ銭の大切さを知れ
大谷　米太郎（大谷重工業社長）……54

「ノーメル賞」に酔いしれる
大村　智（北里大学特別栄誉教授）……56

勝つまで何遍も戦った
大山　康晴（将棋十五世名人）……58

大黒柱に車をつけよ
岡田　卓也（イオン名誉会長）……60

ジャンジャン新円が集まった映画館経営
奥村　綱雄（野村證券会長）……62

牛丼からヒントを得たシステム
小倉　昌男（ヤマト福祉財団理事長）……64

音楽の種を植えていく
小澤　征爾（指揮者）……66

青天の霹靂で、予想だにしなかった
加藤　寛（千葉商科大学学長）……68

海外での経験から学んだもの　金川　千尋（信越化学工業社長）……70
君は1、2、3もかかっている　釜本　邦茂（日本サッカー協会顧問）……72
ゴリラの生態を通して、人間社会を考える　河合　雅雄（霊長類学者）……74
米留学で学んだフォア・ザ・チーム　川上　哲治（元巨人軍監督）……76
ひとりの力ではなく、周りを巻き込む　木川田　一隆（東京電力社長）……78
極寒の地で思い続けたぬくもりとは　木下　又三郎（本州製紙社長）……80
福沢諭吉先生との思い出　小泉　信三（慶應義塾大学塾長）……82
金屏風　五島　昇（日本商工会議所名誉会頭）……84
人間らしくやりたいナ　佐治　敬三（サントリー会長）……86
三井物産の破竹の勢いに学ぶ　佐藤　喜一郎（三井銀行会長）……88
実質、私一人のようなものだった　佐藤　安弘（キリンビール相談役）……90
未練を残さず、ドブに捨てたつもりで帰ってこい　椎名　悦三郎（衆議院議員）……92
日本化路線を進める　椎名　武雄（日本IBM最高顧問）……94
若き日の留学経験を思い出す　J・W・フルブライト（元上院議員）……96
伝統は守り続けるものなのか？　四世　茂山　千作（狂言師）……98
ポツダム宣言を訳す　下田　武三（外務省顧問）……100

2–7–1の割合で考える　ジャック・ウェルチ（前GE会長）……102
プロゴルファーを引退した理由　ジャック・ニクラウス（プロゴルファー）……104
ご主人の笑顔を守った黒子　末広　恭雄（東京大学名誉教授）……106
泣いても泣き足りない思いでいっぱいである　鈴木　茂三郎（社会党委員長）……108
出家とは生きながらに死ぬことだ　瀬戸内　寂聴（作家）……110
20年の苦労が、嬉しい悲鳴に変わった　高橋　政知（オリエンタルランド相談役）……112
血縁関係はないのにそっくりとは　武見　太郎（日本医師会会長）……114
新妻との誓い　田中　角栄（自民党幹事長）……116
金融業界の序列　田淵　節也（野村證券元会長）……118
都市設計プランで大事なこと　丹下　健三（建築家）……120
私の音が見えた瞬間　辻　久子（バイオリニスト）……122
ワンマン社長だが　土川　元夫（名古屋鉄道社長）……124
怒号だけではない　土光　敏夫（経済団体連合会名誉会長）……126
現政権を破壊させることに夢中になっていた　トニー・ブレア（元英国首相）……128
発明家佐吉の凧揚げの記憶　豊田　英二（トヨタ自動車会長）……130
人を斬ったら血が出るんだ　仲代　達矢（俳優）……132

夜逃げのつらさ　永野重雄（富士製鐵社長）……134
年収1000万円の病　中邨秀雄（吉本興業会長）……136
女子高に男女共学の音楽学科を併設する　生江義男（桐朋学園理事長）……138
堂塔の建立には木を買わずに山を買え　西岡常一（宮大工棟梁）……140
自意識過剰な罵声の真意とは　蜷川幸雄（演出家）……142
日本の力を残す　野田岩次郎（ホテルオークラ会長）……144
物事を分析し、よく考えることとは　野村克也（シダックス監督）……146
7年間で1000日、延べ歩行距離4万キロの回峰行　葉上照澄（比叡山長臈）……148
ホームドラマはおしゃべりなんだ　橋田壽賀子（脚本家）……150
粋な遊び方で学んだこと　早川種三（興人相談役）……152
知の未開拓地を耕す　ピーター・ドラッカー（米クレアモント大学教授）……154
「スーパードライ」の出発点　樋口廣太郎（アサヒビール名誉会長）……156
あなたの気持ちを伝えてあげますよ　日野原重明（聖路加看護大学学長）……158
性格が出る見舞い方　平岩弓枝（作家）……160
いかなる場面でも動じない男　弘世現（日本生命保険相互会社社長）……162
日本棋院の借金王　藤沢秀行（囲碁王座）……164

真剣に物事に向き合うとは　初代・若乃花　二子山 勝治（日本相撲協会理事長）……166
詞のために命を懸けた奴もいるんだ　船村　徹（作曲家）……168
仕事を楽しめているか　堀場　雅夫（堀場製作所会長）……170
経営・販売にかけては素晴らしい腕の持ち主だ　本田　宗一郎（本田技研工業社長）……172
人脈づくりの重要性　槇原　稔（三菱商事相談役）……174
経営を自然の摂理から考える　松下　幸之助（松下電器社長・相談役）……176
「国鉄」最後の日　松田　昌士（JR東日本相談役）……178
大隈重信、雄弁の秘訣　松村　謙三（前文部大臣）……180
両親の育児日記　九代目　松本　幸四郎（歌舞伎俳優）……182
エベレストをスキーで滑ってやる　三浦　雄一郎（プロスキーヤー）……184
突然の「待った」の理由　宮内　義彦（オリックス会長）……186
摑まれた脚の感覚を忘れない　宮城　まり子（ねむの木学園園長）……188
闇雲に食べているわけでないダボハゼ経営　宮崎　輝（旭化成工業社長）……190
私は与えられた「使命」だと考えたのである　村山　富市（社会民主党党首）……192
映画はデザイナー学校　森　英恵（ファッションデザイナー）……194
ワキが良くなければ、いい芝居にならないんだよ　森　光子（女優）……196

不本意な出向にも前向きで　安居　祥策（日本政策金融公庫総裁）……198
喋るのが好き　五代目　柳家　小さん（落語家）……200
情報力は大切　八尋　俊邦（三井物産会長）……202
日本映画界の金字塔　山田　洋次（映画監督）……204
米軍基地の存在　屋良　朝苗（琉球政府公選行政主席）……206
女の覚悟　湯川　れい子（音楽評論家・作詞家）……208
乃木将軍の思いを馳せる　芳澤　謙吉（元外務大臣）……210
スクープ取り　渡邉　恒雄（読売新聞グループ本社代表取締役主筆）……212

付録　業界別「私の履歴書」登場者一覧　215
業界別「私の履歴書」登場者一覧について　216

おわりに　252

本書の読み方

本書では、日経経済新聞のコラム「私の履歴書」連載開始から令和4年（2022年）9月までに登場した876人から厳選した100人の「履歴書」の要約と、私の感想を1人2ページで紹介しています。なるべく現在の言葉に置き換えていますが、当時の言葉をそのまま使用している部分もあります。

〔構成内容〕

見出し

氏名（肩書）（年齢、掲載年月）※肩書・年齢は掲載当時のもの

- 人物像と「私の履歴書」の要約した見出しを丸数字で表記
- 「私の履歴書」の要約
- 感想と補足内容

一言

付録では、登場人物876人を業界別に分けて掲載しています。

装幀　印牧真和

特別編集ダイジェスト版

「私の履歴書」100人が教えてくれた

人生を生き抜くヒント

レンズ越しに覗く被写体の心

秋《あき》山《やま》　庄《しょう》太《た》郎《ろう》（写真家）（73歳、平成5年6月）

日本広告写真家協会名誉会長、日本写真芸術専門学校初代校長を歴任。

①私のカメラ目線、②原節子と高峰秀子、③女優の可能性を読む、④思い出の女優、⑤苦労人の俳優顔、⑥スター女優は自分のチャームポイントを知っているなど

演劇『炎の人――ゴッホ小伝――』の撮影の時、滝沢修さんはすす、すうーと、役に入って行く、顔がゴッホのそれになるのだ。プロの演技とはこういうことかと感心させられた。仲代達矢さんに会った時は、まだ俳優座の養成所のころだったか、あの独特の目に「これは凄《すご》い」と心を射抜かれた。そして、演技に対する真面目な態度にすっかりと感心してしまった。シェイスクピアの『リチャード三世』の公演のときも撮影したが、その顔も良かった。

藤山寛美《かんび》さんは舞台裏では、「照れくさくて、虚心坦懐《きょしんたんかい》になれまへんのや」と額に汗しながら語る、感じのいい人だった。だが、その顔は舞台上や演技では見せることはなかった。

三波伸介さんの撮影の時には、テレビで観るお馴染《なじ》みの朗《ほが》らかな表情とは打って変わり、

私のカメラの前では孤独を噛み締めているような表情を見せた。苦労人の顔と言えばいいのだろうか。これはこれで実にいい顔なのである。

スター女優は、自分のチャームポイントをよく知っている。たとえば、高峰三枝子さんも木暮《こぐれ》実千代さんもチャームポイントが同じ左顔だった。私の撮影でも、いいと思う方向しかこちらに向けない。新珠《あらたま》三千代さんは、片方の角度は理知的で、もう一方は情緒的と知っている。「それじゃ、ふくよかな顔でいこう」と言って左右の顔を撮影したことがある。

被写体の内面と常に対峙する

写真はそこにあるモノの表面を写し出す。たとえどのような心持ちであろうが、プロのモデルは人を引き付ける写真に収まる。しかし、プロのカメラマンがレンズを通して見れば、モデルの内面の顔を覗くことができる。そして、時にはその場の会話で、時には撮る角度で被写体の内面の顔を写し出すのだ。秋山は、常に被写体の本質を捉《とら》えようとしていた。

秋山は晩年、花の写真撮影をメインに活動をしていた。秋山に、花の気持ちはどのように写っていたのだろうか。

敗戦日本が分割統治されなかったのは

朝海《あさかい》　浩一郎《こういちろう》（元駐米大使）（82歳、昭和63年3月）

終戦連絡中央事務局総務部長、駐米大使を歴任。①連合軍から見た日本軍の感想、②戦後の賠償問題、③日本領土が連合国から分断されなかった背景、④米国とソ連との軍事衝突危機（キューバ危機）、捕虜の違い（日記、秘密）、ＧＨＱ（連合国軍最高司令官総司令部）内幕など

私が終戦連絡事務局の総務課長であった昭和21年11月。トルーマン大統領の特別使節であるポーレー大使が来日した際、彼が日光に赴く特別列車の中で単独接触をした。連合国の賠償方針が、現金賠償や戦争被害補償ではなく、軍事産業や過剰生産設備の資本移転による戦後復興に基づくことを確認するためだ。

賠償方針とは、「日本には、日本が侵略した周辺の国より高い生活水準は維持させない」「金銭賠償とせず現物で賠償させる」「賠償は一回で終わらす」の3つであった。

この時、「ソ連への賠償はどうなるのか」とポーレーに問うと、それまで窓の外を見ていた彼は激昂し、「ソ連は満州で侵略行為をやっているし、最後の段階で参戦してきたにすぎ

ない。日本に対し賠償を請求する権利などない」と、きっぱりと言い放った。

日本領土が連合国から分断されなかった背景は、次のようなことだった。

当時の状況は、ソ連が日本占領の参加を表明し、米国に日本の分割統治の合意を求めたが、米国は同意しなかった。中国は自国の革命騒ぎで、日本占領に兵力を割《さ》いてはいられず、イギリスの軍隊は、日本の中国地方まで来ていたが、日本側と接触する軍政部は、全部米国の責任で動いていた。米国一国で、日本を統治していたことは、日本が分断されなかった大きな要因だった。


もし、日本分割統治計画が実現していれば、日本はソ連（現・ロシア）、アメリカ、イギリス、中国に分割占領されていた。しかし、アメリカがアジア政策の比重を中国から日本に変え、独占的に統治したことで、分割統治計画は行われなかった。

その過程を、「履歴書」では、丁寧に事実情報を踏まえて記している。私は、日本国が今あることの大切さを、後世の人たちにも知ってほしい内容だと思った。

歴史は、国益を背負った官僚の力もあった

男の甲斐性も時代で変わる

石川《いしかわ》　六郎《ろくろう》（鹿島建設名誉会長）（77歳、平成14年7月）

日本商工会議所第15代会頭。運輸省、国鉄を経て、鹿島建設に入社し、社長・名誉会長を歴任。

①入婿父母と娘、②鹿島家の婿取り作戦、③超高層ビル時代の幕開け、④両国・国技館の建設、⑤私の健康法など

鹿島建設の中興の祖である鹿島守之助（私の岳父《がくふ》）と初めて会ったのは、国鉄本社の式典の時だ。その時、姿を見かけた程度だった。私は守之助の職業に興味はなかったが、その後に会うと軽いカルチャーショックを受けた。守之助は外交官出身で話題は政治、歴史、美術など文化的で豊富。物事をはっきりと言うので、苦手な人もいたようだが、私は好感を持った。

岳母の卯女《うめ》は社交的で思いやりのある人だった。守之助は入婿であった。

守之助が仕事に出かける時は、着物姿なのに、玄関のたたきにサッと降りてしゃがみ、守之助に一足ずつ靴を履かせ、紐を結んでいた。この母親に育てられた娘なら大丈夫だと思った。娘ヨシ子も芯は強い。周りにこまやかな配慮をし、家庭内のこともすべて夫を立てるタ

イプの温かい女性だ。

画家であるヨシ子は、私と付き合い始めた23歳の頃、最年少で日展に入選。私も上野の都立美術館に行った。絵心のない私でも、本格的だということは理解できた。ただ、絵ばかり描いているので心配になり、ヨシ子に「ご飯は炊けますか」と聞き、小さく笑われてしまった。

石川は「ご飯は炊けますか」を真面目な気持ちで聞いたのだろうが、良家の令嬢は料理を作らないものだと思いこんでいた節がある。石川の家は男6人兄弟で暮らしていたのだから、知らないのも無理ないことだったのだろう。

時代を感じる話である。当時は、女性が男性を立てることが当たり前だった。家庭の収入は男性の収入であり、女性は家事を行うものだった。

男性も女性も自立し、親のありがたみを思う

現在では、男性も女性も働き、家事も共に行う。昔は良かったと懐かしむ声もありそうだが、共に暮らすとは、分担を決め支え合うということだろう。得意な者が得意なことをすることが、幸せなのかもしれない。同時に親のありがたさもわかるというものだ。

内閣官房副長官の役割

石原《いしはら》　信雄《のぶお》（元内閣官房副長官）（93歳、令和元年6月）

東京大学卒業後、地方自治庁（現・総務省）に入庁。税務局長や財政局長を経て、自治事務次官を務める。昭和62年、内閣官房副長官に就任。退任後は、地方自治研究機構会長などに就任。

①自治省と大蔵省との関係、②自治省の次官人事、③米国の介入度合、④政と官の関係など

自治省と大蔵省との関係は、お互い地方財源を巡って対立する関係にあるが、同時に大蔵省は国の財政、自治省は地方の財政とそれぞれの責任がある。議論は議論として戦い、最後はお互いの立場を理解しあうことで、両者の仕事がすすめることができた。

自治省の財政局と行政局の人事は、「たすき掛け人事」だった。行政局は組織や権限にこだわり、地方分権といった原理原則を重視する。逆に財政局は、行政サービスを維持するため地方財源をいかに確保するかという実質を第一に考える。相反したものを一つにまとめる人事だったが、最後には、これもお互いの立場を理解しあうことで、仕事がすすんだ。

海部《かいふ》政権時、ブッシュ大統領は、日米通商交渉や湾岸戦争の資金協力で、次々と追加負担

を求める電話を入れ「ブッシュホン」と呼ばれた。細川政権の時は北朝鮮危機に対する米軍支援を、クリントン大統領から強硬に求められた上、米国は想像以上に日本への介入度合いを高めていくことになった。これにより、自民党と対極にある社会党左派が組んだ「村山内閣」の功績をあげると、両党が対立していた懸案の処理が一気に進んだことがある。ほかに、安保条約の堅持、自衛隊合憲と基本政策の転換、平成9年4月から消費税を3%から5%に引き上げることで、導入時の減税先行分を補えるようになったことも挙げられる。

官僚とは、中央行政機関で各省にかかわる国家公務員のことである。選挙で選ばれた国会議員から国民のニーズを吸い上げる。しかし政治家に届かない国民の声も存在する。そのバランスをいかに調整し、国の方針として提言、決まれば実行・推進が役割となる。

石原は、竹下内閣をはじめ宇野、海部、宮澤、細川、羽田、村山の合計7人の首相で内閣官房副長官を務めた。当時としては、最長期間である。総理は変われど、内閣の基盤は変わらない部分があったのだ。

政権の黒子《くろこ》となって支える

士魂商才の心得

出光《いでみつ》　佐三《さぞう》（出光興産社長）（71歳、昭和31年7月）

出光興産の創業者。エネルギー資源や、電子材料などの事業を世界展開する出光の根幹を作った。

①「士魂商才」を学ぶ、②「モノをよく考える」習慣、③闘病生活からの悟り、④経営哲学の実践、⑤商人の使命に徹するなど

仕事を始めて6、7年目頃に、「自分が油を高く売れば向こうが損をする、向こうが安く買えば自分が損をする」と言われることに対して疑問を感じ始めた。

大正3年、第一次世界大戦が始まったため、私は、戦争によって必ず油が足りなくなるであろうと考えた。しかし、消費者はそこまで思い至らない者が多く、私は今のうちに消費者の油を確保することが大切だと思い、儲け度外視《どがいし》で油の用意をした。

その結果、油が不足し、たくさんの会社が休業している中、私の取引先だけは油が不足し休業することはなかったのだ。これは、油は出光にまかせておけという信用に繋がった。私はお金の儲けはなかったが、得意先を儲けたのだ。その後、大きな商売の基盤となった。

この体験で、商売人の使命ということを知ることができた。油の専門家として、油の需給状況を調べ、消費者に知らせる。これは大事な私たちの使命である。また、生産者に消費の状態を知らせ、生産者の向かう道を知らせることも使命である。商人には使命というものがあるということを知って、「おれが儲ければ人が損をする」という疑問が解けたのだ。

自分の頭で考える習慣を

使命とは、与えられた任務のこと。それを個人が全うすることで社会が成り立っている。しかし、自分の使命に気が付くというのは難しい。多くの人が探し続けていることだろう。出光は自分の使命を見つけ、波乱万丈の人生を信念をもって生き抜いた。それは小説のモデルにもなっているほどだ。豪快に思える出光は幼い頃から体が弱く、病気がちであった。そのため、体力よりも頭で考えることを優先した。

まずは、身近なことに疑問を持ち、考えることだ。考えて行動することで、自分の使命にたどりつくかもしれない。

安値だけでは商売しない

伊藤《いとう》　雅俊《まさとし》（イトーヨーカ堂名誉会長）（79歳、平成15年4月）

総合スーパーやセブン―イレブンを傘下に持つ、株式会社セブン&アイ・ホールディングスの創業者。
①異父兄・伊藤譲、②商売の原点、③私と鈴木敏文氏、④ピーター・F・ドラッカー先生、⑤母は商人の鏡、⑥経営における優先順位、⑦日本国への提言など

私の商売の原点は、終戦後の足立区千住《せんじゅ》にある。私が21歳の時、母と兄が軒先《のきさき》2坪の店で、戦災を免《まぬが》れたメリヤス（ニット）の下着を元手に、始めた商売がきっかけだった。

店名は羊華堂《ようかどう》と言った。物がない時代で、闇市が全盛期であり、闇に手を出さなかったと言えばウソになるが、羊華堂は正札販売を貫いた。しかも、1ダース売って2枚分の儲けという意味の「2枚儲け」で、一般の小売価格よりも、2割は安かった。母と兄の信念は「お客様あっての商売」であり、闇でボロ儲けした人の多くは、気がつけば消えていったのである。

その後、移転を繰り返して店は大きくなり、店員も増えていった。兄は「仕入れと勘定は人に任すな」と言い、私が帳場と仕入れを受け持った。毎日、売ってくれる問屋を1軒1

軒、電話帳で調べ、自転車で通い、売れた分だけ仕入れる。1日1回転の商売だった。問屋は実績のない店には、現金でしか取引をしない。その商品を薄利で売るのだからミスはできない。ある時、1万足仕入れた足袋《たび》が、暖冬によって5千足売れ残る大失敗をした。この時ばかりは、安易な「値引き」商売は難しいと身に染みた。

私は、創業以来、商品仕入れに手形を切っていないことが自慢だ。

伊藤は家族から「お客様を大切に」「温かい人間味と思いやり」など、仕事への真摯さを学んだ。そのため、一番大切なのはお客様からの信用であり、信用の担保はお金や物でなく人間としての誠実さ、真面目さ、ひたむきさであると気付いた。これが、「売れただけ仕入れて販売する」という、伊藤流の企業原則であるキャッシュフロー経営の出発点である。

株式上場後も伊藤は、経営の優先順位をお客様、社員、社会の順で、株主は最後であると主張した。お客様に信頼も満足もされない企業は、満足に配当できないと考えていた。

今もイトーヨーカ堂やセブンーイレブンへ、事業の原点は、綿々と受け継がれている。

一番大切なのは信用であり、人間としての誠実さである

ロケットは知の集大成

糸川《いとかわ》 英夫《ひでお》（組織工学研究所所長）（62歳、昭和49年11月）

東京帝国大学を卒業。中島飛行機に入社。のち東京大学教授に就任。退官後、組織工学研究所を設立。昭和45年2月11日、日本初の人工衛星「おおすみ」の打上げに成功。
①マムシに咬まれて進路変更、②初ロケットは絶体絶命のピンチ、③専門テーマ変遷と他人評など

私の専門は昭和10年から昭和20年までが飛行機、昭和20年から昭和30年までは医学、音響学、昭和30年からはロケットと、10年サイクルで専門が変わった。このような経歴を持つ私を、ジャーナリストの神崎倫一《こうざきりんいち》氏が、経済誌で次のように評してくれていた。「ロケット博士。１００人中99人くらいが糸川さんについて抱いているのは、それくらい国産ロケットの打ち上げ成功が、鮮烈な印象を与えたことの証拠だろう。まるっきり間違いとは言えない。だが、それは糸川さんの志のワン・ノブ・ゼムに過ぎなかったのではあるまいか。ロケット打ち上げには想像以上に膨大な学際技術の集積が必要である。糸川さんは組織工学のシンボルとして、一番ややこしそうなロケットをとり上げてみたのである。この成功

は注ぎ込んだ金と労力の比率からみて、アポロ計画より凄い。恐ろしく好奇心の強い人である。どんな畑違いの話でもドッテンと耳を傾け、次に口から出てくるときには、糸川哲学の体系の中に組み込まれているのにオドロク……」と。

糸川と言えば、ロケットの打ち上げで有名だ。ロケットの完成は常に興味の方向に突き進んでいる糸川だからこそできたことだ。糸川は多才だ。

糸川は60歳を過ぎてからバレエを始め、白いタイツに身を包み舞台に立っている。バイオリンの演奏会も行っている。年齢関係なく色々な挑戦しているのだ。

一つひとつは独立していて、関わりのないようなことでも、突き詰めていけば同じものに行き着くこともある。糸川にとってそれは、ロケットだった。ロケットとしては膨大で各種多様の技術の集積が、宇宙に飛び立った。

常に専門を変えている一方で、生涯を通じて、バイオリンを趣味として続け、長い月日を掛けて自前のバイオリン1丁を制作したこともある。マルチな人は掴みどころもない。

どんな経験でも繋がってくる

生きがいを持たせるには

稲盛《いなもり》　和夫《かずお》（京セラ名誉会長）（69歳、平成13年3月）

京都セラミック（現・京セラ）の創業者。「アメーバ経営」を経営哲学にして、世界的な企業に育てた。

①アメーバ経営の精神、②京都賞の創設、③盛和塾の経緯、④ＫＤＤＩ発足で情報通信の健全発展に、⑤経営の原点など

京都セラミックは、昭和39年4月に創業5周年を迎えた。28人で発足した会社は、１５０人に拡大。私は、個人の能力を最大限発揮させ、生きがいを持たせるには、どうしたらいいかを考えていた。思案の末、創業時のように全員が経営者になればいいのだと気が付いた。

会社をいくつかの小さな組織に分け、それぞれが一つの中小企業のように、独立採算で自主的に運営する。固定された組織ではなく、アメーバのように自己増殖していく組織だ。

給与は、好業績をあげても反映されるわけではない。与えられるのは、名誉と誇りだ。みんなのために貢献したという満足感と、仲間からの感謝こそ、最高の報酬である。互いの助け合いの中で、自分の能力を高めることが生きがいへと通じる。会社全体、経営までもガラ

ス張りで、相互に信頼関係が築かれていなければ、組織は正常に機能しない。考え方の足並みを揃えることが何より大事だ。金をエサに働かせようとか、逆に労務管理の手段にしようとしたら、会社組織はバラバラになる。アメーバは絶えず増殖を続け、やめようとしないものなのだ。

稲盛は、ある講演の二次会で成功の秘訣を教えてほしいと経営者たちから懇願された。初めは断るものの、幾度となく切望されるうちに、「若い経営者のために」と引き受けることにした。これが「盛和《せいわ》塾」の始まりだ。

「やらされている仕事」から「やりたい仕事」へ、社員が会社経営の概念をもって仕事に取り組む。小さな粒が塊《かたまり》となり、塊が大きくなり、「会社」となる。それが、繁栄へ向かう。逆に考えれば、大きな組織でも、社員が経済観念や仕事の効率を考えず、業務を単にこなすだけでは、いつか衰退の道へ向かう。まず、社内起業の精神をもち、仕事に取り組もう。

それには、稲盛の「動機善なりや、私心なかりしか」と、自問自答することが重要だ。

一つの中小企業のように、独立採算で自主的に運営する

父の花柳界指導

稲山《いなやま》　嘉寛《よしひろ》（八幡製鐵社長）（62歳、昭和40年3月）

新日鉄八幡製鐵社長、新日本製鐵社長・会長（現・日本製鉄）。第5代経済団体連合会会長。また、「ミスターカルテル」と呼ばれ、「競争より協調」を尊重し、「がまん」哲学の信奉者でもある。

①父の花柳界指導、②妻は父の推薦妓（娘）に、③日本製鐵の発足、④面談順位など

父が私を初めて花柳界《かりゅうかい》へ誘ってくれたのは、確か大学2年のときだった。父は、ごくさばけた人で、男の子はむろん、女の子も嫁入り直前には、必ず吉原の引き手茶屋に見学として、連れて行ったものである。そうして、雛妓《おしゃく》に踊らせ、太鼓をたたいて遊んで見せる。男の遊びというものは、女性が考えているようなものではない、ということを知らせて、遠回しに嫁入り後のご亭主のあしらい方を教えようとしたのであろう。

私が初めて連れて行ってもらったのは、両国の橋ぎわにある「生稲《いくいな》」という料亭で、私の学友5、6人と一緒だった。父が真っ先に立って歌って聞かせ、踊ってみせる。さては総勢立ち上がって総踊りの稽古。親子の隔《へだ》てもなく、歳も地位も乗り越えてのひとときこそ、遊

びの神髄だと思う。父はそのとき、「遊ぶときは一生懸命遊びなさい。10円の金を払うなら、10円分遊ばなければいけない。10円払って7円か8円分しか遊べない人はお金の値打ちを知らない人だ」と遊び方を教えてくれた。

この時代は、男性の遊びとなると女性との色恋ごとと女性は考えていたのだろうが、実際には、同じ時間を馬鹿騒ぎし、多くの時間を共有して大切にすることが多かった。最後には、父から無駄に遊ばず、お金の価値を知りなさいと諭《さと》されている。時代に合わせた遊びをしたい。稲山はこうした父親の指導から学び、気配りの人、配慮の人となった。

気配りと配慮が人を惹きつける

「私の履歴書」においても、お世話になった人、学友、先輩、後輩、上司、同輩など詳細に人名を上げ、一人ひとりを丁寧に説明している。紹介する人の数が飛び抜けて多いのは、気配りと多趣味で交友関係が広いからである。粋な茶屋遊び、謡曲、端唄《はうた》、ピアノに琴、スキーにゴルフ、マージャン、将棋に碁など、それぞれに幅広い人脈を持っていた。気配りはもとより、明るく茶目っ気のある人柄が、多くの人を惹《ひ》きつけたのだった。

三島由紀夫とは「君」と「お前」の関係

伊部《いべ》　恭之助《きょうのすけ》（住友銀行最高顧問）（90歳、平成10年7月）

昭和8年、住友銀行に入行。頭取、会長、最高顧問に就任。平成13年4月から三井住友銀行最高顧問。堀田庄三頭取の秘書的業務で、政界や官界、経済界など多くの実力者との人脈を築いた。
①堀田庄三さん、②瀬島龍三さん、③三島由紀夫とは「君」「お前」の関係、④安宅産業問題など

昭和45年11月25日、住友銀行の専務になっていた私は、広島で東洋工業の先代社長の葬儀に参列していた。その参列中に「三島由紀夫死す」のメモを渡された。実は、三島の父親と私の妻がいとこ同士の関係にあり、私は妻の兄と親友で、妻の家によく遊びに行った。そこへ、小学校に上がる前の三島が、祖母に連れられてきていた。

三島が大蔵省を辞めて、文筆業に専念するようになると、構想中の小説や戯曲で気になる点を確かめるため、私の職場に電話がかかるようになった。

たとえば、亭主に死なれた妻が、残された莫大な遺産をどうすべきかを、誰かに相談した

い時。その女性が信託銀行の支店長に相談する筋書きは、金融の専門家から見ておかしくないか、という具合だ。

また、三島が、六代目中村歌右衛門のために書いた戯曲「朝の躑躅《つつじ》」の中で、登場する華族たちが、夜のダンスパーティで踊り狂う間に、昭和の金融恐慌で、華族がお金を預けている十五銀行が潰れる場面がある。三島はこの執筆中に「十五銀行の倒産時の実情を知りたい。君、教えてくれないか」と、銀行まで訪ねてきて意見を求めてきた。

三島は、10歳以上も年が離れた私を「君」と呼び、私は彼を「お前」と呼んでいた。

世間知らずだった三島は、親戚の伊部を非常に頼りにしていた。伊部を通して世間を見ていたのだろう。伊部も三島のほかに家族のことまで記して大きく扱っている。伊部は、三島の作品をほぼ読んでいると言い、特に『金閣寺』を褒《ほ》めている。三島の死去に際し、懐かしさから『天人五衰』(『豊饒の海』)を読み返している。親戚関係というだけではない、親しい関係がよくわかる。

何でも話せる信頼関係を築く

分け隔てなく愛する心

入江《いりえ》 相政《すけまさ》（宮内庁侍従長）（72歳、昭和52年4月）

貴族院議員や侍従長であった入江為守《ためもり》子爵の三男。昭和4年、東京帝国大学卒業。学習院の教授を経て、昭和9年に宮内庁侍従、のち侍従長となる。侍従在任中のできごとを記した『入江相政日記』は有名。①明治38年の三八会、②昭和天皇のお人柄、③陛下訪米に随従、④日本で一番長い日など

戦後の食糧難時代、陛下（昭和天皇）が召し上がるものは、なんとしてでも用意したかったが、「みんな食べるものがなくて苦しんでいるのに」と、少しも召し上がらない。3品上げても、1品だけでおすませになり、1品は女官、1品は侍従にくださった。陛下は残りの1品さえも、また二つに分けて、吹上《ふきあげ》の御文庫《おぶんこ》にいる侍従と2人で頂いていた。

昭和21年1月から始まった陛下の地方巡幸《じゅんこう》。大阪では文楽をご覧になった。京都では、谷崎潤一郎、吉井勇、新村出《しんむらいずる》、川田順の4人から「大阪の心」と言う座談会風の進講をお聞きになった。福岡県の巡幸では、校庭が奉迎場《ほうげいじょう》だった。事前の打ち合わせでは、160頭の牛を並べると言う。「陛下は、分け隔てなくすべての牛をお撫でになるから、160頭では

多すぎる」と係に言うと「では、二列にしましょう」と言い、「この地方自慢の牝牛をつれだしたい」とも言う。「人混みに置いても大丈夫ですか」と聞くと「大丈夫」と言うのだ。

本番。やはり陛下は第一列の80頭にすべてをお撫でになった。黒牛の目と目の間にある、白い毛の部分を、静かにお撫でになる。横に立っている青年は、自分が撫でていただいているような面持《おもも》ち。あくる日の新聞によれば、土地の人は「牛の方がよか」と言ったとか。

与えた気持ちは、周りの人にも伝わる

陛下が80頭の牛すべて鼻筋を静かにお撫でになると「横に立っている青年は、自分が撫でていただいているような面持ち」と、素直な気持ちがうまく表現されている。昭和天皇に撫でられるとあれば、土地の人の「牛の方がよか」に同調し、思わず笑ってしまった。

この「履歴書」は、歌人でもあり随筆家でもあった入江の面目躍如だと感じた。昭和天皇が常に国民を気にかけ、分け隔てなく向き合うお姿に、優しさがあふれていることがよくわかる。

スターになるための3パターン

植田《うえだ》　紳爾《しんじ》（宝塚歌劇団名誉理事）（81歳、平成26年10月）

早稲田大学卒。昭和32年、宝塚歌劇団に演出家として入団。歌劇団理事長。その後、名誉理事・特別顧問に就任。代表作の『ベルサイユのばら』『風と共に去りぬ』などが大ヒットした。

①宝塚の指導教官、②入団年次の成績順位、③スター誕生には3パターンなど

宝塚音楽学校のルールとして在学中は随時、試験が行われ、音楽学校の卒業証書の授与は成績順で決める。歌劇団入団後も試験があり、その結果は退団後もついて回る。OGの会合で、ひと度《たび》「集合」の声が掛かれば、出席者は入団年次且《か》つ、成績順に並ぶのだ。この時は、舞台でトップを張ったかどうかは関係ない。鳳蘭《おおとりらん》は学校の成績は思わしくなかったが、星組のトップ男役になった。

スター誕生には3つのパターンがある。第1は音楽学校入学時や歌劇団入団時に、目を引きつけられる生徒（鳳蘭、麻実《あさみ》れい、天海祐希《あまみゆうき》ら）。第2は、制作スタッフの抜擢で伸びる生徒（遥《はるか》くらら、神奈美帆《かみなみほ》ら）。第3は、コツコツやっていて突然、輝き出す生徒（松あきら、

日向薫《ひゅうがかおる》ら）だ。

私は明日のスター育成のために抜擢人事を行った。重要視したのは、自分の欠点を自覚できるか否か。メーキャップ一つをとっても、欠点を自覚すればこそ、自分に見合う化粧法を身に付けられるからだ。

スターになる3つのパターンは興味深い。初めから才能にあふれている者。周りの人間に押し上げられる者。努力が実を結ぶ者だ。これは、運営サイドから見てもスターの取りこぼしがないように思える。すべての生徒に、スターとなるきっかけがあるのだ。職場での成長の仕方と共通する部分がある。

努力とは、ただ闇雲にすればいいというものではない。違う方向に進んでいれば、報われることは少ない。植田は、努力についても明確に指針を示している。「欠点を自覚すること」だ。自身に足りないものを補う努力を行うこと。どんな場所でも活躍する（スターになる）には必要な要素だ。

自分自身を見つめることが、スターの始まり

アウトドア現場主義の真意

梅棹《うめさお》　忠夫《ただお》（国立民族学博物館顧問）（76歳、平成8年1月）

京都帝国大学理学部卒業。京都大学人文科学研究所教授を経て、国立民族学博物館館長に就任。著書『知的生産の技術』で紹介した「京大式カード」が情報整理術として反響を呼んだ。
①文明の生態史観、②愉快な調査探検隊、③情報産業論の提唱など

昭和30年、戦後初めて本格的な学術探検隊を12名の学者で発足した。木原均総隊長が指揮するヒンズークシ隊と、今西錦司支隊長が指揮するカラコルム隊にわかれた。そしてパキスタン、アフガニスタン、イラン、インドの各地で半年のあいだ学術調査に従事する。

私はヒンズークシ隊の人類学班に所属して、西ヒンズークシ山中の奥深くにいるらしいモンゴール族を探すことになった。モンゴール族は、13世紀のイルカン国の辺境駐屯部隊としてアフガニスタンに定着したようだ。

このインド亜大陸の横断旅行は、私に強烈な印象を与えた。イスラーム文明とヒンドゥー文明という二つの巨大な文明に接して、世界の構造に関する見方はすっかり変わった。ここ

は、西洋でも、東洋でもなく、どこでもなかった。私は「中洋」を発見したのである。

戦争中に中国で過ごした2年間の経験を振り返ると、私は日本文明の異質さを実感した。帰国後、旧世界における諸文明の関係とその中における日本文明の位置付けについて、私は論文を書いて『中央公論』で「文明の生態史観序説」を発表した。


梅棹は京大の特徴であるアウトドア現場主義者であり、パキスタン、アフガニスタン、イラン、インドの各地で半年をかけて学術調査を行う。その経験から『文明の生態史観』(中公文庫)を上梓した。また、梅棹の情報産業の提唱論では、マスメディアは物質的な生産がないのに、情報だけで経済活動が成立している。しかし、物質的な生産はなくても、情報を加工して世に送り出しているのだ。これは、物質的な生産に大量の情報が付与されていることからもわかる。梅棹はこれらについての考察をまとめ、「情報産業論」を発表している。

情報産業は、情報を生産、収集、加工、提供で成り立っていることを念頭において情報収集を行いたい。情報があるからと、闇雲に信じず確認し、自己の考えを持つことが大事だ。

情報調査にも、思考が必要と心得よ

哲学に笑いを採り入れる

梅原《うめはら》　猛《たけし》（哲学者）（76歳、平成13年5月）

京都帝国大学文学部哲学科卒業後、立命館大教授、京都市立芸術大学学長に就任。国際日本文化研究センター初代所長。
①ニヒリズムから脱却結婚、②大学移転の反対急先鋒、③スーパー歌舞伎の内幕、④「笑いの哲学」を目指す、⑤スーパー狂言も手掛けるなど

私の哲学は「笑いの哲学」を目指した。西欧の哲学はキリスト教的な実存主義の「希望」であるが、日本的風土には合わない。そこで、あらゆる笑いを知るために道頓堀《どうとんぼり》の角座《かどざ》や中座《なかざ》にノートを持って連日通った。また、感情についても西洋の聖者・ソクラテスやイエス・キリストが殺された人であるのに対し、東洋の聖者・釈迦《しゃか》や孔子《こうし》は自然死の人であることに着目し、西洋の文化を怒りの文化、東洋の文化を悲しみの文化として捉えた。このような論文が世の中に受け入れられるようになった。

また、スーパー歌舞伎について、三代目市川猿之助（現・猿翁）は好学で、私の『地獄の思想』を読み、訪ねてきた。話すと意気投合し、毎年猿之助の芝居を観る仲になった。私は

猿之助に、「現代歌舞伎は西洋の演劇の模倣でつまらない。新しい歌舞伎は、歌や踊りやアクションを最大限に生かしながら、ギリシャ悲劇やシェイクスピア劇のように首尾一貫した筋を持ち、誰にでもわかるようでなければならない」と言った。これに猿之助はまったく同感し、脚本の執筆を頼まれたが断った。それから数年後、猿之助は、「作者がどうしても見つかりません。先生、書いてくれませんか」と言う。私は京都芸大の学長在職中は書けないと逃げたが、学長を辞めると、また猿之助は、「辞められたのですから書いて下さいよ」と再び頼んできた。今度ばかりは書かねばならないと、私は脚本を引き受けることにした。

梅原は「笑いの哲学」を目指すために、寄席に通い、藤山寛美や大村崑《こん》などを研究対象として論文を書いたとある。これがスーパー歌舞伎やスーパー狂言も生み出した。「哲学」と聞くと、堅物の印象が学びを躊躇させるが、哲学をやさしく解説した本はよく売れた。皆、関心があるのだ。笑いを入れた哲学は、親しみを感じさせてくれる。本当に固い頭では、新しいものは生み出せないのである。

相性が悪く見えても、かけ合わせると良さが増す

遊牧民族のもてなしから学んだもの

江上《えがみ》　波夫《なみお》（考古学・東洋史学者）（87歳、平成6年7月）

東京帝国大学文学部東洋史学科卒業後、北京《ぺきん》に留学。その後、東京大学東洋文化研究所教授、東京大学退官後、札幌大学教授、上智大学教授、公益財団法人古代オリエント博物館館長などを歴任。

①日本と中国との民族の違い、②騎馬民族説の発想原型、③イラン北方の騎馬民族古墳発掘など

零下20度以下にもなる厳冬の内蒙古《うちモンゴル》草原を馬車で旅していると、馬に乗った2人が「近くに村落はないから泊っていけ」と親切に私たちを招いてくれた。そして、寒くならないようにと、私たちのテントに娘さんを残し、一晩中火を絶やさないよう番を命じてくれた。

私は彼らの歓待に感動しながら、中国・華北の農民たちとの違いを考えた。中国の大人《ターレン》階級の家では、たまに主人に用事があって出てくることはあっても、客に挨拶などはしなかった。ましてや夫人が客の前に顔を出すことはなかったのだ。

蒙古では、主人がいないときでも女性や子供だけで迎え入れてくれる。王妃のような身分

の高い人でも自ら手料理を作り、もてなす。万里の長城が象徴するように、他人を入れない世界を作った中国人との違いというものを、この時ほど感じたことはなかった。遊牧民族と農耕民族の性格は、どこか日本に通じるものがありはしないか。騎馬民族説の原型のようなものが、漠然とではあるが、その時、私の脳裏に形成された。

騎馬民族説（騎馬民族征服王朝説）とは、4世紀後半から5世紀に、満洲の扶余《ふよ》系騎馬民族を起源とした騎馬民族が、日本列島に入ってきて、これらが、弥生時代からの農耕民族と交わり、征服王朝として、大和朝廷を築いたという説だ。その説に添えば、日本人は遊牧民族の温かさもあれば、農耕民族の生真面目さもあることになる。考古学は興味深く面白い。

現代でも世界の多くは地続きのため、領土・人種問題へ発展することは多い。日本は島国であり、仲間意識が非常に強い。さらに、ネットを介し国の垣根を超え、他人のパーソナリティの部分にも触れることが簡単になってきている。ネットの中でも、現実社会でも他人を受け入れるおおらかさと自分を守る「セキュリティ」をしっかりと構築して備えたい。

遊牧民族のあたたかさと、農耕民族の堅実さを持ち合わせたい

恩人、伊藤忠兵衛の見抜く力

越後《えちご》**　正一**《まさかず》**（伊藤忠商事会長）（74歳、昭和50年9月）**

伊藤忠商事社長のち会長。「伊藤忠の中興の祖」と言われている。①相場の神様、②社長就任で行ったこと、③海外進出（木材チップ事業）、④恩人・伊藤忠兵衛さん、⑤忘れられない伊藤忠兵衛翁のお言葉、⑥お金を味方にする方法、⑦私の健康法など

父と伊藤忠商事の入社試験会場に向かった。試験後の面接では、伊藤忠兵衛氏からいろいろと質問され、上手くできず、「君は帰らずに、父ともう一度来たまえ」と言われた。再面接では、即座に私の採用が決定。また、伊藤忠兵衛氏から八幡高校の入学を勧められた。伊藤忠商事への入社は、幼い頃から熱望していた医学の道とは違うが、長年抱き続けていた進学の夢が、一挙に現実のものとなり、父も私の手を取り涙せんばかりに喜んでくれた。

私はしみじみと振り返る。人の一生は、よい指導者にめぐり合うことができるかどうかが、その人の人生を大きく左右するものだと。数十年前に、もし私が伊藤忠兵衛氏と出会うという幸運に恵まれなかったら、今の私はあり得なかっただろう。しかも運よくめぐり合う

機会に恵まれても、人に認められる何かを持っていなければならないし、もちろん相手がそれを見抜く眼力があってこそのことである。そのいずれかの条件が一つでも欠けていれば、幸運はやって来なかったのだ。それを思うと、私はすべての条件が合致した若き日の自分の幸運を、やはり神仏のご加護としか思いようがないのである。

越後はこの伊藤翁からの恩を忘れず、職務に邁進し、伊藤忠の発展の中心人物として貢献した。そして伊藤翁は臨終の際、弱々しいがはっきりした声で「越後君が伊藤忠に入ってくれて本当に良かった」と繰り返した。越後は返す言葉もなく、ただ頭を下げていた。

大恩のある伊藤翁からの一言が、越後にとってこれ以上のない喜びとなり、最高の慰めでもあったとある。私は読むほどに感銘し、涙がこぼれた。

人に選ばれるには、それ相応の才能や条件が整っているものだ。越後が記したように、医学の道を志し勉学に励んでいたことが、伊藤の目にとまったからだ。

何事も無駄とは思わず、自分の道を進むことは大切なことなのだ。

個人の資質も必要だが、見つけてくれる人はいるものだ

新築披露で感じた悔しさ

江戸《えど》　英雄《ひでお》（三井不動産会長）（77歳、昭和55年5月）

三井不動産社長、会長を歴任。東京ディズニーランド建設計画の初期から携わる。①團琢磨理事長暗殺の当日、②親会社の三井合名を子会社の物産に合併、③しゅんせつ埋立事業に進出、④桐朋学園の手伝いなど

私は、昭和30年11月に三井不動産社長に就任した。昭和16年創立当時の三井不動産は、同業の三菱地所に比べ五分の一以下の全く小さな不動産会社であった。三菱地所が、戦災後に東京ビル、第二丸ビルなどの大型ビルを次々に新築し、さらに丸ノ内一帯にある数万坪の土地の赤煉瓦《れんが》のビルを順次取り壊して、新ビル建設を進めているのを見て、羨《うらや》ましくてたまらなかった。ビルの新築披露に招待される度、肩身の狭い思いをしていた。

以前より、東京通産局長の中村辰五郎君（水戸高校後輩）から、資源のない日本経済の発展のためには、鉄鉱石、石油その他大量の原材料の輸入、また、輸出のためには大型港湾と海岸工場用地の造成、特に京葉地帯の重要性に対する進言を受け、しゅんせつ埋立事業の進出を決意した。そして、千葉県の柴田等知事と友納武人《とものうたけと》副知事から、五井市原《ごいいちはら》地区のしゅん

せつ埋立事業の依頼を応諾した。当時の千葉県は赤字財政で、工事実施の余裕がなかった。工事会社がまず漁業補償を支払い、工費を立て替え施工で行った。その土地を進出希望企業に分譲し、工事費を回収するという千葉方式を作った。この埋め立て事業は、会社としては全く新しい事業で、反対意見が圧倒的だった。しかし、京葉工業地帯開発の将来性と、会社事業展開に活路を見出し、敢えて挑戦した。

この東京湾しゅんせつ埋立事業の成功が、京葉工業地帯開発を促し、東京ディズニーランドの建設へ繋がった。三井不動産入社当時の江戸は、他社を羨ましく思い、それを一時も忘れてはいなかったのだろう。だからこそ、赤字財政である千葉県の厳しい条件依頼を、新しい会社へ事業を託すという博打《ばくち》とも言える決断ができたのだ。

江戸が社長に就任して2年目に、多数の反対意見を振り切って推し進めた決断である。この決断が、江戸と三井不動産の未来を決めたのかもしれない。

時には大胆な決断が未来を開く

どんな環境でも心に秘めているもの

遠藤《えんどう》　周作《しゅうさく》（作家）（66歳、平成元年6月）

昭和23年、慶應義塾大学文学部卒業。昭和22年、評論「神々と神と」が、雑誌『四季』に掲載される。昭和30年、『白い人』で芥川賞を受賞。代表作に『海と毒薬』『沈黙』などがある。

①東海林太郎氏の妻、②白紙答案はダメと言われて、③仏留学で珍回答など

私の成績は国語や英語は普通であったが、数学や物理や化学は目も当てられなかった。秀才の兄から「白紙はいけない。何でもいいから書け」と叱られた。数学の試験の時、まるで答えが出ない。思案の末、全問に「そうである、まったくそうである。僕もそう思う」と書いた。当時の灘中はスパルタ教育で、私は数学の先生にひっぱたかれることになった。

仏留学中の夏休み、大学が始まるまで3カ月間、建築家のロビンヌ夫婦宅にホームステイをした。夕食時に子供たちから「日本の家ではベッドがないんだってね。じゃ、床に寝るの」などと聞かれても、畳の説明が面倒くさかった。だから畳の代わりに藁《わら》という言葉を使い、「藁（バイユ）を使うのです」と答える。子供たちがどっと笑う。ロビンヌ夫人が私に

気を使って、「以前のキャンプで、私たちも農家の納屋に泊まった時、藁が暖かかったでしょ。だから日本人はそれに寝るのですよ」と答えてくれるのだった。「日本人の家は木と紙でできているそうだが、台風に飛ばされないのかね」とロビンヌ氏に訊ねられ、これも面倒くさくなり、「はぁ、ときどき、空中に飛ばされます」と答えた。ロビンヌ家では、私から日本の奇怪なイメージを、植え付けられたに違いない。

遠藤の「履歴書」では、少年期のヤンチャぶりも軽妙洒脱《けいみようしやだつ》に書かれている。ユーモアとは、言葉のコミュニケーションである。双方がその言葉の意味や感性をわかり合えないと成り立たないものだ。言葉を紡《つむ》ぐという作業は、小説も日常会話も同じこと。

笑いは人と人を繋ぐ。留学経験のある遠藤には必要なスキルだっただろう。どんな環境でも、プラス思考で考えることと、ユーモアを交えた会話をする感性は、遠藤の精神性の高い作品などの作家活動に役に立ったと思われる。ほとんどの仕事は、一人では完結しない。どんなことにもコミュニケーションは必要だ。その潤滑油として笑いは大切だと心得たい。

ユーモアは、最高のコミュニケーションと頭の体操

これからは、キャプテンと呼ぶことにしよう

大賀《おおが》　典雄《のりお》（ソニー取締役会議長）（73歳、平成15年1月）

東京芸術大学専攻科、ベルリン国立芸術大学音楽学部を卒業。昭和34年、ソニー入社。CBS・ソニーレコード専務取締役、社長、会長を歴任。平成12年、ソニー取締役会議長に就任。
①恩人・岩井一郎さん、②飛行機免許の取得、③名指揮者・カラヤンの最期など

私とカラヤンが親しくなった最大の理由は、飛行機という共通の趣味である。日本での公演中には私を楽屋に呼び、新しく購入する飛行機の意見を求められた。カラヤンは私を「My Copilot（親愛なる副操縦士よ）」と呼んだ。いわば、私はカラヤンの音響技術顧問であり、飛行機のアドバイザーだった。昭和57年に私がソニーの社長になると「これからはキャプテン（機長）と呼ぶことにしよう」と笑った。

その7年後、体調が優れないというカラヤンの自宅に、家内と後の米ソニー社長になるミッキー・シュルホフを連れて訪ねた。カラヤンは、私を見るなり新しく購入するジェット機「ファルコン」の話を始めた。そして話題が音楽に移った時、カラヤン宅に医者が到着した。

だが彼は「この会談は中国のエンペラー（帝王）でも邪魔はできない」と言って追い返してしまったのだ。その後、カラヤンが「水をくれ」と言うので、ミッキーがグラスを渡すと、それを静かに飲み干した。と、その瞬間、カラヤンの頭が傾いた。

夫人があわてて医者に連絡したが、そのまま帰らぬ人となった。目の前で起きた偉大な音楽家との惜別《せきべつ》。私は人間の命の儚《はかな》さをその時に知ったのだった。

翌日、あまりのショックで、今度は自分が心筋梗塞になり、ケルンで倒れてしまった。

名指揮者・カラヤンの最期に立ち会った大賀の「履歴書」には、二人の深い友情が感じられ、カラヤンの言葉からも大賀との親密さが感じられる。社長と指揮者、共に孤独なものなのだろう。仕事を離れ、趣味での繋がりは特別だ。特に飛行機免許の取得はかなり大変な作業で、実技の他に腰丈の高さ程の膨大な本を読む必要があった。共通の苦労は人の距離を近づけるものだ。立場や22歳の年齢を飛び越えて飛行機と音楽の話に興じる。二人には安らぎの時間だったのかもしれない。享年は共に81。二人は人生の同じ飛行機に乗っていた。

立場も仕事も忘れて、語り合える友を見つける

女でも、選挙、出られまんのんか？

扇《おおぎ》　千景《ちかげ》（前参議院議長）（75歳、平成20年4月）

女優、政治家。宝塚歌劇団退団後、映画やテレビドラマ、『3時のあなた』などのテレビ番組で活躍。その後、政治家として運輸大臣や国土交通大臣など数々の要職を歴任した。①宝塚は最年長で合格、②扇雀との結婚、③議員に出馬要請など

私は『3時のあなた』の司会者になる前、安倍晋太郎、竹下登、中川一郎たちに呼ばれて、赤坂の料亭で麻雀卓を囲んでいた。何も賭けず、政治の話も出ない楽しい会だった。ところが、昭和47年の佐藤栄作総理引退に伴い、田中角栄、福田赳夫《たけお》の両氏が決選投票となり、福田氏は敗北。その夜、私は福田派の会合に呼ばれた。国会議員以外で会場にいたのは私と黛《まゆずみ》敏郎《としろう》氏だけ。私は「総裁選に一度負けたぐらいでなんですか。福田先生、頑張ってください」と励ました。この時から、私は福田派の応援団のような存在になっていた。総選挙では、チャーターされた飛行機3機の内1機に乗り込み、全国の応援に飛び回ったのだ。

昭和52年4月、料亭福田家《ふくだや》の一室に呼ばれた。座卓の向こうに福田総理大臣、大平正芳《まさよし》自

民党幹事長、竹下登氏、安倍晋太郎氏が居並んでいる。義父母と夫の扇雀《せんじゃく》（四代目坂田藤十郎）、私の４人が対座した。

大平幹事長が、娘さんを参院選挙に出馬させてほしいと頭を下げる。義父が、「こんなんで良かったら、どうぞ」と返す。その後、明治生まれの義父は、総理大臣との面会に舞い上がり「女でも、選挙、出られまんのんか?」と言い、一気に座は和んだ。

時代を言い訳にしてはいけない

現在でも、政界の女性進出が話題に上がっているが、昭和40年代は女性議員が少ない時代だった。決して扇の義父が無知なわけでもなく、「議員＝男性」のイメージが強かったのだろう。大平幹事長も出馬依頼を本人ではなく、扇の義父に願い出ている。男性の立場が強い、そういった時代だったのだ。昭和45年には国内初の女性解放デモが行われ、まさに女性のあり方の変革期でもあった。時代は一瞬で変わることもあるが、大抵は時間をかけて変わって行くものだ。時代がこうだからと手足を縮めてみても、なにも変わらない。いつの時代もどんな分野でも自分自身の熱意が左右するのだ。

タネ銭の大切さを知れ

大谷《おおたに》　米太郎《よねたろう》（大谷重工業社長）（83歳、昭和39年3月）

大相撲の力士から実業家に転身し、関東大震災後に大谷製鋼所を設立。「鉄鋼王」と呼ばれた。

①関取マゲで酒店開業、②関東大震災を「災い転じて福となす」に、③ホテルニューオータニ建設の経緯、④タネ銭の必要性など

自分に力をつけるのも、信用を得るにも金である。私がタネ銭を作れというのは、いたずらに金を残すことを、楽しめと言うのではない。苦しみながら、タネ銭を貯めていくと、そこにいろんな知恵、知識が生まれてくるということだ。血のにじんだ金である以上、そう簡単には使えない。それは道理であろう。一本の鉛筆、一枚の紙を買うにも、よく吟味して買うことになる。万事このようにタネ銭を作るというのは、ただ「もとがね」を積み上げていくことだけでなく、その金があらゆる知恵と知識を与えてくれることになるのだ。「タネ銭を作れ」というのは、そうした意味である。その結果、もしタネ銭が10万円できたとしたなら、モノの考え方は1万円しかタネ銭がないときより、はるかに豊かに、大きな知恵と計画

が出てくるものだ。これが「タネ銭哲学」の効用である。

大谷は富山県から裸一貫で上京し、銭湯、米屋、相撲取り、酒屋などの職を変えながら、コツコツとタネ銭を貯めた。その後、東京ロール製作所や製鉄所を創業。ホテルニューオータニを建設、社長に就任。晩年には相撲界発展のため、蔵前国技館の建設にも貢献した人物である。大谷はこの「タネ銭の大切さ」を「履歴書」掲載時の冒頭で読者に訴え、最後にもう一度、「タネ銭哲学」として強調している。

大谷は、「自分で苦労して作ったタネ銭もなく、親の財産や他人の財産をアテにしているような人間に、ロクな人間はいない。また、そうした人間の事業がうまくいくはずもない。自分の腕を磨くにはともかく、このタネ銭を持たなくてはできない」と書いている。これには、私も父親から同様のことを教えられた。多くの読者も同感するだろう。自分の人生観に照らし合わせて「どの程度までタネ銭を蓄えるか」を決め、実践するのみだ。

タネ銭を作ることは、経験を積むことと同様に大事なものなのだ。

コツコツと積み上げていくことで、知恵と計画が出てくる

「ノーメル賞」に酔いしれる

大村《おおむら》　智《さとし》（北里大学特別栄誉教授）（81歳、平成28年8月）

平成27年、ノーベル生理学・医学賞受賞をウィリアム・キャンベルと共同受賞した。
①ユニークな経歴、②一番安い採用条件の米国大学に留学、③「大村方式」の特許契約、
④研究奨励賞は「ノーメル賞」など

私の研究内容の一つに、土壌中の微生物から有用な物質を探し出し、動物の抗生物質などの開発に使うことを目的としたものがある。それが「大村方式」と呼ばれ、特許と対価を明確にする契約を行った。それは、米製薬会社大手メルク社が、研究成果の特許を取得し、その占有実施権を持つというものだ。そして、特許を使用した製品が売れた場合、メルク社は売上高の何%かをロイヤルティとして北里研究所に支払う内容だ。この方式のお蔭で、後のノーベル賞受賞に繋がる寄生虫やダニに効く動物薬「エバーメクチン」、人間の皮膚病や寄生虫にも効く「イベルメクチン」を開発することができた。多くの家畜や人間を救うことになったのだ。その後も、メルク社の売上高の継続的増加が、私の研究を大いに助けてくれることになった。

北里研究所の部長時代には、サントリーと共同開発を行っていた。その時、毎年中堅の研究者に奨励賞として「ノーベル賞」ならぬ「ノーメル賞」を設け、優れた研究にランクを付けウイスキーを贈呈した。

治療薬「メクチザン」（イベルメクチン）は、メルク社から世界保健機構（ＷＨＯ）を通じ、アフリカや中南米、東南アジアなどを中心に、10億人以上に無償・低価格で提供され、風土病から救った。これは大村らが、治療薬の商用利用で得られる特許ロイヤリティの取得を放棄し、無償配布に賛同したことで実現されている。

大村は困っている人のためにと、製薬開発で貢献し研究者のモチベーションを上げるために「ノーメル賞」を設けた。研究は一人ではできないものだと感じさせられる。

平成27年に大村自身が「線虫感染症の新しい治療法の発見」でノーベル賞を共同受賞した際、大学の地元商店会から４００人分の振る舞い酒が用意され、祝福された。大村自身も「ノーメル（飲－める）」賞に酔いしれることとなった。

人のために役立つことを考える

勝つまで何遍も戦った

大山《おおやま》 康晴《やすはる》（将棋十五世名人）（36歳、昭和34年9月）

将棋棋士。名人通算18期は歴代最多の記録。タイトル獲得数は通算80期。十五世名人、永世十段、永世王位、永世棋聖、永世王将の5つの永世称号を持つ。
①最初の将棋指導、②木見金治郎先生に入門初日（小学校卒業時）、③升田さんと対3番勝負など

小学校1年生の3学期、私は家から、（将棋）アマチュア二段の平井長之丞先生の家に通い始めた。先生の教育方針は「何でも構わず、ポンポン指しながら教えるやり方では、どんなに強くなっても私ぐらいなものだ。ほんとに強くなるには、基本定跡《じょうせき》を覚えることだ」という。そして、先生は当時8段だった木村義雄十四世名人の「将棋大鑑」を買ってきた。

その本には6枚落ちから平手までの定跡が書いてある。私は1年生だから難しい本は読めないので、先生が最初から読み上げてくれた。難しい言葉は、先生が別の言葉でわかるように説明してくれた。駒の動き方も一手一手暗記式に覚える。覚えたら何遍《なんべん》も盤の上で並べてみる。完全に覚えたら、今度は反対にその定跡破りから、詰将棋を教わって学課を卒業する。

卒業すれば次は実戦に移る。まず、6枚落ちから先生に勝つまで何遍も、何遍も戦う。勝てるようになると、今度は5枚落ちで同じことを繰り返す。4枚落ちでも同様だ。先生は時間を惜しまず教えてくれ、家族同様に扱ってくれた。小さな私は気楽に通えた。

幼少時の良き指導者との出会いが、大山の素晴らしい業績に繋がったのだろう。その後大山は、12歳で木見金治郎《きみきんじろう》師匠の門下生になる。そこには終生のライバルとなる兄弟子の升田《ますだ》幸三《こうぞう》(実力制第四代名人)がいた。大山の入門当日、大山が攻める。升田が受ける。攻めても攻めても升田の陣はビクともしない。3度戦ったが、ぜんぜん歯が立たなかった。升田に3番ストレート負けでやられたと述懐している。

良き師匠に、良きライバルと、良い環境が大山を強くした。それだけが大山を強くしたのではない。大山自身、同じことを繰り返し修練している。傍《はた》からは同じようでも、大山には、6枚落ちから5枚落ちへ進んだ将棋の世界は、まったく違って見えたのだろう。その違いがわかってこそ、名人の道へ繋がる。ここまで徹底しないといけないのかと思った。

繰り返しの中にも違いを見つける

大黒柱に車をつけよ

岡田《おかだ》　卓也《たくや》（イオン名誉会長）（78歳、平成16年3月）

家業の岡田屋を引き継ぎ、代表取締役となる。昭和45年、「ジャスコ」代表取締役社長に就任した。
①家訓「大黒柱に車をつけよ」、②姉・千鶴子の貢献、③イオンモールで街作り、④1%クラブとイオン環境財団など

家業の岡田屋には「大黒柱に車をつけよ」という家訓がある。不思議に思われることがよくあるが、いつの時代も変わらないものだと確信している。家訓の内容を簡潔に言うと、「お客の変化に柔軟に対応すべし」ということだ。

出店戦略にしても同じことが言える。三重県の四日市は、戦前と戦後で繁華街の場所が大きく移動した。戦前は、陣屋跡だった辻を中心に繁華街となった。終戦直後は近鉄諏訪《すわ》駅から市役所へ行く新道に商店街ができた。市役所で配給切符を求める人通りが、多くなったからだ。戦後、復興した岡田屋は、辻の店をわずか3年で閉鎖。昭和24年、新道へ移設し、開業した。その次は、近鉄四日市駅へ移転した。再び、人の流れが大きく変化したからだ。た

めらいなく新道の店を閉鎖し、近鉄四日市駅前に出店した。その店も、また人の流れが変わってきたので閉店した。時代の流れと共に、店の場所やその姿をどんどん変化させた。商業立地は、社会・経済環境で大きく変わる。

多くの会社は「地域密着」として、同じ拠点で繁栄を目指す。これも重要であり、難しいことだ。しかし岡田氏、いや岡田家は違う。「大黒柱に車をつけよ」を不易な家訓だと説く。単に場所を動かすことが目的ではなく、先鞭《せんべん》をつけることが重要だ。

しかし、岡田は時代に合わせ、調査と決断を行い、仕事のあり方を、柔軟に変化させた。社内の変化を意思統一する際に、長い講釈では伝わらない。簡単明瞭な家訓は覚えやすく伝わりやすい。これは今も変わらないが、現在では、地域密着型の活動も行っている。

平成3年より植樹活動を初め、日本全国に広がり、世界にも広がっている。令和4年には、1200万本を超えた。岡田の「地域の人々とともに成長する」という哲学が植樹という形で受け継がれていく。

世の中の流れを見極める

ジャンジャン新円が集まった映画館経営

奥村《おくむら》　綱雄《つなお》（野村證券会長）（57歳、昭和35年7月）

野村證券元社長・会長。昭和26年にＧＨＱと交渉し、証券投資信託法を実現させ、委託会社の免許を受けることに成功し、財閥指定を受けた「野村」の社名を守った。
①家内の助太刀で発奮・再出発、②野村徳七翁の大抜擢、③映画館を経営など

戦後に取締役京都支店長になったとき、「京都では社長になったつもりでやれ」と言われ、やる気に火が付いた。世の中は混乱に合わせてヤミ時代になり、新円が不足していた。新円は旧円に比べて使い勝手が良いので、より多くの新円を手に入れたい。新円を手に入れるためには何かいい仕事を見つけることだ。この三段論法から映画館の経営を思い立った。早速、九条《くじょう》に「宝館」という映画館を建て、私が社長になった。これが大当たりに当たった。娯楽の少ない時代に映画を上映したのだから、当たらないわけがない。新円は毎日ジャンジャンと入って来る。この新円を元手にして高かろうが、安かろうが映画を集めるのだから、新円が入らぬはずがなく、経営にプラスとなった。

奥村は、出世街道を歩いたわけではない。入社後すぐに結婚したが、両家に余裕があったこともあり、仕事に身が入らなかった。出世は遅れ、度々退職や離縁を迫られる程だった。その度に周りから「この男は、なにか持っている」と期待をかけられ、首の皮一枚で繋がりながら過ごして来た。その後、周囲の予想は的中し、野村證券に投資信託事業を本格化させることで貢献をしていく。

なぜ、周囲にそう思わせたのだろうか。それは、その他のエピソードにも垣間見える。社長にすり寄る上司たちに「茶坊主」と言い放ち、昭和26年には、日本の財閥を解体しようと試みたＧＨＱと、根気よく話し合い、証券投資信託法を実現させ、委託会社の免許を受けることに成功することで、財閥指定を受けた「野村」の社名を守った。

映画館の成功の話は印象深いかもしれない。それならば、よく見返してほしい。奥村は「三段論法」で物事を考えている。闇雲に実行するのではなく、事前に予想し、検討をして物事を実行していると書いている。基本がしっかりとした上で、「豪放磊落《ごうほうらいらく》にして緻密《ちみつ》」という奥村の人なりが浮かび上がる。周囲の高い評価にも納得がいく。

破天荒な行いにも計算がある

牛丼からヒントを得たシステム

小倉《おぐら》　昌男《まさお》（ヤマト福祉財団理事長）（78歳、平成14年1月）

ヤマト運輸の創業者。昭和51年、「宅急便」を関東一円で開始。全国へ拡大。宅配便の基礎を作った。

①仕事の優先順位明示が重要、②トレーラーシステムの導入で運送を効率化、③宅急便のメリット、④利用者の立場でものを考える、⑤老害の教訓からなど

私は、家業の大和運輸（のちのヤマト運輸）に入社したが、父親が脳梗塞で倒れたため、昭和46年、46歳で大和運輸の2代目社長に就任した。営業部長時代には、近距離・小口貨物輸送にこだわった父親を説得し、長距離・大口貨物に切り替えたが、経常利益率は下がる一方だった。昭和48年の石油ショックもあり、最悪な事態に追い込まれていた。

そこで吉野家の牛丼商売「うまい、安い、早い」をヒントに、「全国どこへでも、どんな量の荷物でも運べる会社」というコンセプトの運送会社を模索した。

主な客は主婦だから、サービス内容は明快でなければならない。地域帯別の均一料金、荷造り不要、原則として翌日配達、全国どこでも受け取り、どこへでも運ぶ。目指すサービス

の方向性が見えてきた。宅急便の商品化計画では、主婦の視点がいつも念頭にあった。「利用者の立場でモノを考える」という点を重視したのだ。

たとえば、商業貨物では距離に比例して運賃が高くなるが、宅急便ではブロックごとに均一料金とした。東京から中国地方行きなら、岡山も広島も同じ料金。どちらが遠いのかなど、主婦の関心事ではない。わかりやすさを最優先した。

届ける人の気持ちと、受け取る人の気持ちを考える

サービスとは利用者のために必要なものを提供するということである。現在では「主婦目線」という言葉は当たり前に聞くが、この時代では異端だった。

常に消費者の目線であることを忘れない。基本中の基本だが、企業の中では忘れてしまいがちだ。「宅急便」は、ビジネスモデルのわかりやすさが発展に繋がった良い例である。

また、人の気持ちを考えることでは、ビジネス以外も同様で、小倉は引退後、福祉事業に尽力する信念の人として知られている。ビジネスの基本は相手（お客様）あってのことだと再認識することができる。

音楽の種を植えていく

小澤《おざわ》　征爾《せいじ》（指揮者）（79歳、平成26年1月）

ウィーン国立歌劇場音楽監督。ウィーン国立歌劇場名誉会員、平成20年、文化勲章受賞。①カラヤン先生と斎藤秀雄先生、②西洋と日本音楽の融合、③江戸英雄さん、④タクトを横に振れる、⑤周囲の好意と協力がなど

私の中学生時代は、ピアニスト志望で手の指が大切であったのとは裏腹に、怪我《けが》の多いラグビーにのめり込んだ。しかし、ラグビーの試合で手の指を骨折し、ピアニストの夢は断たれた。その時、豊増昇《とよますのぼる》先生から「音楽が好きなら指揮者になれ」と勧めてもらった。

高校は桐朋《とうほう》学園に入学し、恩師の斎藤秀雄先生に指揮の基礎を教えてもらった。しかし、体罰が激しく癇癪《かんしゃく》持ちの斎藤先生の指導に納得がいかず、自宅にあった本棚のガラス扉を殴りつけ大怪我をしたこともあった。先生との溝は広がり、先生が教えたかったベートーベン交響曲第9番の指導を受けることもなく、高校を卒業した。

短大卒業後は援助を受けながら、24歳で欧州へ単独バイクの武者修行に出かけた。パリ滞在中にカラヤン指揮者コンクール第1位となり、指揮者のヘルベルト・フォン・カラヤンに

師事した。師匠のカラヤン先生から指導を受けた数年後、指揮者としての実績を上げ評判になっていた時、確執のあった斎藤先生から、「お前も横に振れるようになったな」と褒められ、「勘当が解けた」と感じた。先生は「指揮でタクトを横に振るというのは、ニュアンスを出すとか、曖昧《あいまい》な部分を表現することだ」とも教えてくれた。

小澤は、世界的な指揮者となり、ウィーン・フィルより日本人として初めて「名誉団員」の称号を得た。

斎藤の没後30年コンサートでは、小澤がタクトを振り、演奏者は錚々《そうそう》たる卒業生のメンバーだった。小澤は、これほど根気よく教えてくれた先生はいなかったと回想し、「日本にはオーケストラの伝統がないのだから、伝統を作れ」と言う言葉を覚えている。

その小澤は、若手育成のため、全国各地の小・中学校や地方楽団の指揮も行った。胃がんの手術後も続けたというから頭が下がる。斎藤と同じように音楽の種を植えているのだ。

振り返ってわかる恩師の思い

青天の霹靂で、予想だにしなかった

加藤《かとう》　寛《ひろし》（千葉商科大学学長）（79歳、平成17年5月）

経済学者。慶應義塾大学名誉教授。日本経済政策学会会長。政治的に強い発言権を持ち「ミスター税調」と呼ばれた。内閣府顧問（規制改革担当）に就任。また、郵政民営化を一貫して主張していた。
①政治家の心得3か条、②椎名裁定の夜、③消費税導入の舞台裏（政治家の矜持）など

あれは、昭和49年11月30日の土曜日の夜だったはずだ。当時の私は、東京都の南平台《なんぺいだい》にある三木武夫さんの自宅をよく訪れ、政治談義に花を咲かせていた。夜8時頃か、三木さんが秘書に「お電話です」と呼ばれた。電話を置いた三木さんが、応接室からおぼつかない足取りで出てくる。さっきまで普通だった顔が真っ赤になり、まったく別の高揚した表情だった。

金脈問題を追求され、退陣を表明した田中角栄総理の後継者選びが、椎名悦三郎副総裁に一任された。どんな手続きで、誰が自民党総裁を選ぶのか、党内での調整が続く。総理・総裁の座を狙う福田赳夫、大平正芳、中曾根康弘らが戦況を睨む中、大詰めを迎えていた。

その時の私は、三木さんの表情から電話の内容を察し、挨拶もそこそこに帰宅した。そこ

へ、三木さんの秘書から電話が入る。「さっきの電話は、総理に指名する、そのつもりでいてくれという連絡だった。三木さんは今、マスコミ用に発表する文章を考えているが、手が震えて書けないので手伝ってくれないか」という内容だった。私は急いで三木邸へ戻り、文面を考えた。1時間くらい悩んだが、結局よい案は浮かばずに帰宅した。

翌12月1日、椎名副総裁の裁定文から三木の名が読み上げられた。三木さんの「青天の霹《へき》靂《れき》で、予想だにしなかった」は有名なセリフだ。あれも一晩中考えた言葉かもしれない。

いろいろ想定して実行

その後、加藤は著名な政治家から議員選挙に立候補補で誘われた際、「第一、朝早く起きよ。第二、夜遅くまで付き合え。第三、金をもらってもありがとうと言わず、預かっておくと言え」と教えられたとある。第三の意味は、賄賂《わいろ》ではなく、預かっただけと返答をするための口実なのだろうか。

政治家は国民からの追求もいろいろあるため、あらゆる場面を想定して回答や実行していると加藤氏は言っているように思える。

海外での経験から学んだもの

金川《かながわ》　千尋《ちひろ》（信越化学工業社長）（80歳、平成18年5月）

極東物産（現・三井物産）に入社。信越化学工業に転職、海外事業を次々と開拓し、平成2年に取締役社長に就任。平成22年から、代表取締役会長を務めた。
①不良債権処理、②海外事業進出の教訓、③社長就任での取り組み、④タフな外国企業交渉など

昭和40年代はいつも、着替えやカタログなどがぎっしり詰まった大きなトランクを2つ持ち、ほとんど一人で世界を駆け回っていた。昭和42年には、ニカラグアに塩化ビニール製造の合弁会社「ポリカサ」を設立した。信越化学が33・75％を出資し、現地の有力実業家と政府系金融機関が資本参加して、昭和45年に稼働した。

私はこの会社の経営企画を任された。内容は、最先端の製造設備、無駄のない組織人員、資金手当て、収支計画などで、最も重要視されたのは、マーケティングである。ニカラグアは中米5か国との関税同盟を結んでいた。小さい規模の工場と市場での製品販売は、輸入関税の高率な保護が必要だった。その影響で、中米で1、2位を争う高収益企業までに成長。

会社設立後の約10年は順調な経営だったが、昭和54年にサンディニスタ民族解放戦線による革命が勃発する。革命の鎮圧を願ったが、ソモサ大統領は亡命し、その後に暗殺された。会社の経営としては、技術指導料や配当などで投資額の3、4倍は回収できていた。しかし、10年以上かけて育てた会社が、革命で突如なくなるのは、不可抗力であるとは言え、やはりショックだった。この現地での経験は、海外で事業を進める上で、カントリー・リスクの重要性を私に教えてくれた。

金川は、ニカラグアでの経験のほかに、海外での交渉経験が豊富だ。経営不振だった米国ロビンテック社から、信越化学の合弁子会社だったシンテックの買い取りを求められ、金銭面で難航した。交渉は信越化学の年間利益の約2・5倍の金額で成立。社運をかけた決断だった。日本の銀行は、責務保証がないと貸してもらえず、テキサス・コマース銀行から借りることができた。同行のベン・ラブCEOが「オダギリ（小田切新太郎）さんが社長だから信越化学に保証なしで貸しましょう」と言ったことは決して忘れないと金川は語っている。

経験と知識も大事だが、信用はこれに勝るものだ

君は1、2、3もかかっている

釜本《かまもと》　邦茂《くにしげ》（日本サッカー協会顧問）（72歳、平成28年2月）

サッカー選手。選手時代の昭和43年メキシコオリンピックでは7得点を挙げ、大会の得点王とチームの銅メダルを獲得。平成14年には、強化推進本部長に就任し、サッカー界に貢献した。
①外国選手との違い、②恩師・クラマーコーチ、③ゴール・ゲットの精度を高めるなど

私はシュートの秘訣を「5割は右足。左足が3割で、頭が2割」と考えている。

現代のサッカー選手が点を取れない理由は、鍛練不足、とくにキックとヘディングの練習不足だ。「点が取れない」と嘆きながら、味方同士でパスを回す練習ばかりをしているからだ。

チームの全体練習の後に、なぜもっと個人練習を課さないのかと不思議になる。本物の技術を身に付けようとしたら、練習の「質」と同時に「量」の問題は避けて通れないものだと考えている。

昭和37年、私が高校2年の時のことだ。西ドイツからデットマール・クラマーさんが招聘《しょうへい》

され、指導を受けた。のちに恩師となるクラマーさんからは、「南米の選手はパスを受けて1で前を向ける。欧州の選手は1、2。君は1、2、3もかかっている。どうしたら速く前を向けるか。それができるようになれば、一級品になれるだろう」と厳しく指導された。

一人ひとりの努力が組織のレベルを上げる

現代のサッカーは、チームで戦うことが重要視されている。2022年W杯カタール大会では、リオネル・メッシでさえも守備に加わり、チームプレーに貢献したほどだ。

それは、日本選手も同じことが言える。個人プレーから、組織プレーへ重要性が変化した世界の現代サッカー。しかし、個人のプレー向上があってこそ、組織プレーに繋がるのだ。

そして、W杯カタール大会でサッカー強豪国のドイツとスペインにも勝利した。

釜本は、この結果に及第点を与えている。日本サッカーに苦言を呈することを続けて来た釜本には、珍しいことだ。

サッカーに限らず、組織とは個人の集合体である。まずは、個人のスキルを高めたい。どんなポジションでも個人の努力が組織の実力を上げるのだ。

ゴリラの生態を通して、人間社会を考える

河合《かわい》　雅雄《まさを》（霊長類学者）（78歳、平成14年10月）

京都大学霊長類研究所所長、日本モンキーセンター所長などを歴任。①サル学の目的、②卒論にウサギの行動、③アフリカのゴリラ生態探検、④風土病に罹る、⑤自然児で育つ、⑥兄弟で四重奏団結成、⑦児童文学「動物世界の描写を楽しむ」など

霊長類とは、ヒトとサルを含んだ分類の名称である。霊長類学とは、サル類を研究することによって人類進化の謎を解明し、人間とは何かという命題を自然科学の立場から明らかにすることを目的にしている。霊長類学は、人間の一分野として位置付けされている。

英領ウガンダのゴリラ山ムハビラ（４１２９ｍ）とサビニオ（３６４７ｍ）に出かけた時のこと。ゴリラの案内人として現地人を雇い、ゴリラの足跡を発見、その跡を追っていくとゴリラの群れに遭遇した。12、13ｍの距離に近づくと、リーダー雄が立ち上がってドラミング（手で胸を叩く威嚇行動）をし、凄まじい咆哮《ほうこう》を浴びせかけ、時には攻撃してくることもあると言う。「逃げてはいけない。ハッタと睨《にら》め」、とガイドが言う。たしかにこちらから睨みつ

けると、ゴリラは2、3m手前で停まり、脅すだけでそこを去って行った。

ところが、昼寝しているリーダー雄と雌と子どもに遭遇した時、驚いた雄は咆哮してまっしぐらに突進し、私たちに激突して来た。私は転倒して向こう脛《ずね》に傷を受け、他の3人も傷を負ったが大丈夫だった。お互い無事とわかって、みんなで森が揺らぐほど笑った。


河合は、半世紀以上サルを研究し、モンキー博士として知られるサル学の世界的権威だ。その多くの経験から語られる「履歴書」には、アフリカでは風土病に罹ったとか、ロアロア寄生虫を3匹体内に飼育していたとか、ユニークな体験が披露されている。

出発前の兄弟の演奏中では「待ってくれ」「助けてくれ」「こらえてくれ」の声が上がるので、「クレー演奏団」の名が付いたとある。「履歴書」の文体は、専門知識がなくても愉快で親しみやすい内容となっている。

動物は、人間社会を映す鏡。行動原理、組織、優劣の付け方、家族・群れを守ること、種を保つこと等、人間である私たちもそこから大いに学ぶことができる。

逃げるな、ハッタと睨め

米留学で学んだフォア・ザ・チーム

川上《かわかみ》 哲治《てつはる》（元巨人軍監督）（54歳、昭和49年12月）

プロ野球選手（投手、内野手）・監督、野球解説者。日本プロ野球史上初の2000安打を達成。「打撃の神様」や「赤バット」の愛称で親しまれた。巨人軍監督として、セ・リーグを9年連続制覇。

①入団背景、②米国野球留学、③巨人のモットーをどう実践 ④球が止まるなど

昭和26年、サンフランシスコ・シールズのオドール監督から日本選手の招聘があった。巨人軍から選ばれるとすれば、千葉茂君だと思っていた。私は水原体制の主流派から外れていたし、千葉君は水原監督の中心選手だったからである。ところが、巨人軍から一人選出するという時に、水原監督は私を推薦してくれた。選抜メンバーである藤村富美男（阪神）、杉下茂（中日）、小鶴誠（松竹）と一緒にカリフォルニアのモデスト・キャンプに参加した。

米国の野球を見て、一番驚いたことは、縦命令系統がしっかりとしていることだった。監督→コーチ→選手という縦の一本の筋が実にはっきりしていた。

コーチは監督の手足同然で、もし監督に反対意見を持つようなら、即刻クビだという。

選手は選手で、よく自分の本分をわきまえて、一生懸命やっている。この実態を勉強することで、チームの体制がどうあるべきか、目を覚まされた気持ちだった。

私が小学生のとき、水原茂監督が毎年高松へ、オープン戦に巨人軍を率いて来た。そのときの川上選手（身長は172㎝、体重75㎏）は見上げるような大男に見えた。

昭和25年頃の野球をスピードも技術も凄いと思っていたが、今思い返すと、米国ではマイナーリーグクラスだったのだろう。正力松太郎が作った巨人軍への方針は「巨人軍は強くあれ」「巨人軍は紳士であれ」「巨人軍は将来、米大リーグに追いつき追い越さなければならない」というものだった。それは何年も日本一になり続け、それにふさわしい試合内容があってこそ「強い巨人軍」と言え、説得力があるのだ。

やはり、野球は団体競技である以上、「フォア・ザ・チーム」ということを具体化することが一番大事である。時には、非情だと思われる采配にも、チームのためになるのであれば、これを遂行することが必要である。それが「誰かのためになる」ということだ。

常に自分の本分を見つける

ひとりの力ではなく、周りを巻き込む

木川田《きがわだ》 一隆《かずたか》（東京電力社長）（71歳、昭和45年1月）

東京帝国大学卒業。東京電灯（現・東京電力ホールディングス）に入社。東京電力社長・会長や、経済同友会代表幹事を歴任。

①東京電燈の調査部企画課、②電力再編成は配電9社と送電1社の分離に、③趣味は釣りなど

戦後、労働組合運動は活発になった。東京電力でも同じく、そのリーダーは電産（日本電気産業労働組合）だった。電産は敗戦の翌年、電力事業の民主化を取り上げ、全国発送電配電事業の一本化を会社側に要求してきた。

しかし私は、国民経済の発展の基盤となり、日常生活に密着する大切な電気事業を全国一社化する、もしくは、国有化することは、民主化に反するだけでなく、自由経済の精神を否定するものだとして反対だった。昭和23年の正月に行ったマッカーサー元帥の年頭の辞も、同様の主旨であり、私は自信を持った。早速同志を集め、密かに自由競争の原則に立つ私企業形体の地域分割案の理論と具体策の立案に取り掛かった。同僚常務の岡次郎や田中直治郎

の両君は即座に賛意を示し、社内の協力体制は確立された。業界でも、当時関西電力の社長の芦原重義氏や、中部電力会長の横山道夫氏などからも賛同を得た。

この頃松永安左エ門翁が9電力案を提案し、吉田内閣に答申する。松永翁は機を逸せず、「占領軍の説得」ということに方針を定め、「松永案による電力再編成」の指示が出された。GHQに対する松永の了解運動は相当強引で、日に幾度も事務所に私を呼びつけ、夜を徹した。「電力の鬼」こと、松永翁の顔がそこにあった。そして昭和25年11月24日、ポツダム政令による「電気事業再編成令」と「公益事業令」が公布された。

チームには、強力な動力と求心力が必要

推進力を得るためには、動力が必要だ。木川田や松永翁はまさに自動車の大きなモーターだ。しかしモーターだけでは、前にも後ろにも進まない。車輪やハンドルなどを加え、自動車として組み立てることで、初めて「組織」として前へ進むことができる。そして運転手というリーダーの元に、組織の意思を統一することが、強さに繋がるのだ。リーダーは一丸となった組織をしっかりと運転する役目があるのだ。

極寒の地で思い続けたぬくもりとは

木下《きのした》　又三郎《またさぶろう》（本州製紙社長）（80歳、昭和44年4月）

実業家。王子製紙に入社し、昭和31年、王子製紙副社長時に本州製紙（合併後、現・王子製紙）の取締役、同年社長に就任。社団法人日本包装技術協会の第2代会長を務めた。①樺太《からふと》の冬、②北方民族の生活習慣、③人間の極限状態、④捕虜《ほりょ》として強制労働をなど

第二次世界大戦の後、武装解除され投降した日本軍捕虜らが、シベリアに労働力として移送隔離された。その中に56歳の私もいた。長期にわたる抑留生活と奴隷的強制労働により人権などない扱いを受ける。零下20度以下にもなる厳寒環境下で、満足な食事や休養も与えられず、苛烈な労働を強要させられ、多くの抑留者が死亡した。樺太の日本人絹《じんけん》パルプ会社社長だった私も、他の者と同じようにシベリアに4年半抑留された。死体運搬、糞尿処理などの現地の従軍兵が嫌がる重労働を課せられたのち、やっと帰国が許された。昭和25年4月にナホトカから、日本の帰還船明優丸に乗ったときは、嘘か本当か、うれしいのか悲しいのかもわからない、ただ茫然《ぼうぜん》とした気持ちだった。舞鶴《まいづる》港には、会社関係の人や家族などが面会に来てくれた。

妻の顔は、すぐにわかったが、あとの3人は会社の人だと思い、「来ていただいてどうもありがとうございます」と頭を下げてお礼を言った。

「おとうさん、僕ですよ。健二ですよ」とその男は言った。よく見れば、次男だった。中学生だった次男は、4年半の間に背広姿がよく似合う青年になっていた。

前より少しやせて見えた妻に、何かを言おうとしたが、昔のように親しい言葉が出ない。

私は妻に向って「どうも長い間、ありがとうございました」と言って頭を下げた。妻はただ涙するばかりであった。

私は涙が溢れ出てしまった。木下は奥様に「長い間、心配かけてすまなかった。子供たちを立派に大きく育ててくれてありがとう。申し訳なかった。本当にありがとう」と手を取って感謝をしたかったにちがいない。しかし、長年の奴隷的な強制労働で会話も少なかったため、感情を素直に表現できなかっただろうと思うと、よけい彼が気の毒に思えたのだった。

言葉にできない心を伝えたかった

福沢諭吉先生との思い出

小《こ》泉《いずみ》　信《しん》三《ぞう》（慶應義塾大学塾長）（73歳、昭和37年1月）

経済学博士、慶應義塾大学塾長。明仁親王殿下（現・上皇陛下）の東宮御教育常時参与となる。父は、大蔵省の官吏や慶應義塾大学塾長などを歴任した小泉信吉。①福沢諭吉先生の思い出、②三田文学と永井荷風、③木曜会の心配、④焼夷弾で重傷を負うなど

明治27年12月に私の父が亡くなり、福沢諭吉先生の邸内の一棟に1年ほど住んでいたことがあった。同じ邸内なのだから、先生の様々の姿は見ており、よい思い出となっている。当時、63歳だった先生が、毎朝「ウン、ウン」と声をかけて米を搗《つ》く、その掛け声も臼の響きも、毎日聞いていた。時には、先生が得意の居合抜きを繰り返し、頭上で白刃をふり回す姿を見たことがある。

夏のある日、先生と愛孫である7歳の中村壮吉と8歳の私と、庭の芝生の上にしゃがんでいると、私の向う脛《ずね》を、やぶ蚊が刺している。どうしようかと思っていると、先生の大きな掌が私の脛をたたき、血が散った。「信さん、それ」と、先生は蚊を摘まんで私に見せた。

先生のこのような些細なことばかりが思い出される。65年たった今でも当時を回想し、もどかしい気持ちになるのだ。あれほどの歴史的人物と同じ屋敷に1年近くも住みながら、なぜもっと先生を見ていなかったのかと。先生は明治34年2月、2度目の脳溢血で亡くなった。その時の私は、数えで14歳の時だった。少年だった私は悲しみを感じず、先生の葬式にも参列せずに、風邪を引いたのか、不機嫌で家にいた。

生涯を通して学ぶ道もある

福沢諭吉といえば、慶應義塾の創設者であり、文武の「文」の印象が強い。実像は、居合を学び、生涯にわたり「武」の研鑽《けんさん》も積んでいた文武両道の人である。こういった著名人の暮らしが垣間見えることも「私の履歴書」の魅力である。

父親が福沢諭吉の門下生だったため、小泉は福沢から大きな影響や庇護《ひご》を受けていた。後年には「練習は不可能を可能にす」の言葉と、文武両道を唱えた小泉の功績を顕彰するため、小泉信三記念慶應義塾学事振興基金が設立された。福沢の生き様は、しっかりと受け継がれている。

金屏風

五島《ごとう》 昇《のぼる》（日本商工会議所名誉会頭）（73歳、平成元年3月）

東京急行電鉄（現・東急）社長のち会長。第14代日本商工会議所会頭。「私の履歴書」連載中の3月20日に逝去。連載は「遺稿」として最後まで掲載された。
①弟の戦死 ②撤退の決断 ③金屏風 ④多摩田園都市 ⑤政界人脈 ⑥太平洋にかける夢など

まだ若く経験も乏しかった私が、東急グループを引っ張っていくには、どうしても強力な後ろ盾が必要だった。

それにふさわしい人物として真っ先に頭に浮かべたのは、父と東大同期の石坂泰三氏であった。当時、経団連会長の座にあった石坂氏に、東急電鉄の相談役のお願いに行くと、「経団連会長として一企業の相談役になるわけにはいかない」とそっけない返事だった。

そこで石原氏の他に複数の相談役を置き、その一人になってもらおうと考えた。産経新聞社長の水野成夫氏や、日本開発銀行初代総裁の小林中《あたる》氏に相談役をお願いし、その後でもう一度石坂氏に頼み込むと、「相談役というのは金屏風である。新郎新婦を引き立てるのが役目だから何もしないが、それでもいいか」と、条件を付けて渋々引き受けてくださった。

昭和20年代の苦境から立ち直った東急グループの一つである東映は、昭和30年代に入ると破竹《はちく》の勢いで業績を伸ばし、グループの中で独自の企業集団を形成するまでになっていた。そのことでグループの調和に不安を抱えたまま数年たったある日、「何をグズグズしているのだ。東急グループには女を裸にして売り物にするような商売はいらない」と、黙っていられなくなった金屛風である石坂氏のカミナリが落ちたのは、昭和39年のことだった。

五島の父である慶太の葬儀が終わった後、五島は自分なりに今後の経営について考えたが、実際には問題の処理の決断にうろたえることが多かった。

その時に、主力取引銀行である三菱銀行の加藤武男元頭取を訪ねると「切るものは切る。伸ばすものは伸ばす。そうすれば三菱は全面的に支援します」と言われた。この言葉で踏ん切りがついたと語っている。その後東映は、岡田茂元社長によって東急グループとの協力関係を築き、今やエンターテインメント界の雄となっている。

指南役のカミナリは、「決断」という覚悟をくれた

人間らしくやりたいナ

佐治《さじ》　敬三《けいぞう》（サントリー会長）（73歳、平成5年4月）

サントリー第2代目社長、元会長。関西公共広告機構（現・ACジャパン）を設立した。①米軍将校への売り込みと接待、②宣伝部の黄金時代、③ビール事業進出に山本為三郎氏の助力、④サントリーホールの功績など

昭和26年の正月、トリスウィスキーの本格的な広告は新聞紙上で幕を上げた。これは宣伝部長に迎えた山崎隆夫が陣頭指揮をとり、壽屋《ことぶきや》（現・サントリーホールディングス）は猛然と宣伝活動を行った。すると、壽屋に各方面から人材が集まってきた。三和銀行で宣伝担当の柳原良平が、山崎を慕ってやってきた。そして坂根進は新聞広告の募集で採用、そこに開高健が加わった。トリス広告文化時代を作り出した主役達が顔を揃えた。

昭和29年、当時の宣伝部は、まさに梁山泊《りょうざんぱく》の如く、親分の山崎を中心に、いずれ劣らぬ豪傑が縦横無尽の大活躍をする。いろいろな分野でユニークな活動を繰り広げていた。

新聞広告では、コピーの開高、アートディレクトに坂根、イラストでは柳原が定番になっていた。そこで生まれた「人間らしくやりたいナ」というトリスの宣伝コピーは、時代を超

えた名作であったと思う。

これに酒井睦雄、山口瞳が加わったチームによるテレビＣＭのアンクルトリスシリーズ。山口のコピー「トリスを飲んでＨａｗａｉｉへ行こう！」は、今や古典だ。また、人気となった『洋酒天国』という、小冊子は開高健の発案で、トリスバーが全国に群生する力となった。

「やってみなはれ」精神は、今も続いている

サントリー創業者である鳥井信治郎社長は失敗を恐れず、挑戦することを重んじる「やってみなはれ」精神を奨励した。２代目の佐治敬三社長は、先代の創業精神を受け継ぐと同時に、社名を壽屋からサントリーへ変更。大きな売り上げを生む宣伝部黄金時代を築いた。

佐治は、サントリーホールを建設。完成間近のある日、ふらりとホールを訪れる。そのとき、青年が無人の客席に向かって一人、トランペットを吹いていた。佐治は、客席に座りその音に聴き惚れる。素晴らしいホールになると期待と確信が入り交じった気持ちになったと言う。その後、世界的マエストロ・カラヤンを招聘。多くの音楽ファンを喜ばせた。

三井物産の破竹の勢いに学ぶ

佐藤《さとう》　喜一郎《きいちろう》（三井銀行会長）（72歳、昭和41年1月）

三井銀行会長、相談役を歴任。日本棋院総裁。一般社団法人経済団体連合会評議議長。
①ニューヨークにおける三井物産の地位、②野口英世博士のぼやき、③支那料理の食事ルール、④インドのカースト制、⑤不況時代、預金をとって叱られるなど

大正8年の秋、私は三井銀行（現・三井住友銀行）ニューヨーク支店への転勤を命じられた。私が赴任した当時の米国で、総合商社といえば三井物産だけだった。ニューヨークのみならず、世界各国に支店をもっていた。各国の領事館より支店数が多かったのではないだろうか。

ニューヨークで三井物産の実績がいかにすごかったのか。電信会社に支払う電報料が、全米の会社の中で、毎年トップだったことからもわかるだろう。そのため、電信会社の三井物産へのサービスぶりは、この上ないものだった。

その当時、欧米から日本に機械を輸入するほとんどの仕事を、三井物産が行っていた。そのため、まず三井物産が動き、初めて日本の企業が仕事ができるという状態だった。その意

味では、三井物産は日本産業初期のパイオニアであった。

だから私などの三井銀行がニューヨークに進出しても、三井物産の外国為替部の人間になったようなもので、外国為替をはじめ、全ての面で三井物産が先生であった。


佐藤は、大正14年に中国の上海に赴任している。主な仕事は、英、米、仏、蘭、独などの投資家を相手に為替投機だった。当時の中国は、主に「銀」で為替が行われており、取引は海外の商社と、「買弁《ばいべん》」と呼ばれる中国人の仲介業者を通して行われていた。すでに銀を使用する国は少なく、世界中の銀が集まっているのではないかと思うほど、流入されていた。そのころ、横浜正金の橋爪源吾《はしづめげんご》氏が「銀」の動向に詳しいことで有名であったが、大きな利益と損失を繰り返していた。短期投資は知識も大切だが、博打的な面が大きい。

日々の為替に左右される仕事は大忙しで、佐藤の支店でも、通りに止めた馬車から飛び降り、店に飛び込んでくる仲介業者を相手に激務をこなしていた。これでは、体が持たないと1週間交代の持ち回りで業務を行っていたとある。経済が活気に満ちあふれた時代だった。

刺激の強い仕事にもまれ、成長する

実質、私一人のようなものだった

佐藤《さとう》 安弘《やすひろ》（キリンビール相談役）（69歳、平成17年9月）

キリンビール（現・キリンホールディングス）の経理財務や経営企画などを経て、社長に就任した。

①はじめに、②発泡酒「淡麗」がトップに、③総合化戦略、④不祥事、⑤くやし涙、⑥不本意な出向、⑦社内の重視順位など

入社当時は総務部に配属、1年後営業部へ転属した。その仕事は、空き瓶回収や伝票処理などの地味な仕事だった。着任して半年後、私は上司に支店全体の業務内容や人員配置の見直しを求めたが、聞いてはもらえなかった。それどころか、支店長に「きみは中小企業のほうが向いているよ」と言われ、近畿コカ・コーラボトリングへの不本意な出向が決まった。

東京での研修の際、「ルートセールスの担当だ」と言われ、朝から晩までトラックに乗り、都内の小売店を走り回ったが、赴任先の大阪での仕事内容はまったく違っていた。

仕事は内勤職で、上司である年配の部長と、社員は、実質私一人のようなものだった。それこそ、定款はできていたが、経理に関する規定は何もない。仕事は走りながら考えた。近

識コカ・コーラボトリングの開業に必要な大阪府や大阪市の税務署への届出も、期限間際にやっと間に合うほどだった。

社会人になって、まだ3年目だったが、固定資産の減価償却は「定率法」か、または「定額法」か。在庫評価は「後入れ先出し法」か、「総平均法」かなど。次から次へと経理のルールを決めなければならなかった。

疑問点があると、原価計算や簿記の辞典と首っ引きになって考えた。しかし、与えられた仕事を、一つひとつ誠意をもってこなすことで、実務のエキスパートになることができた。仕事に追われながら、人間、どこへ行っても勉強はできるものだなと思った。

与えられた場所で最善を尽くそう

会社や社会の仕組みを、最初から実務で経験している人は強いと思った。頭では理解していても、期待していた仕事とは違い、地味な実務はなかなか素直に取り組めないのが人情。しかし、この下積みに耐えて努力した蓄積が人間を成長させ、いざというとき、期待に応えることのできる人材になれるのだと強く感じた。

未練を残さず、ドブに捨てたつもりで帰ってこい

椎名《しいな》　悦三郎《えつさぶろう》（衆議院議員）（72歳、昭和45年6月）

東京帝国大学法学部卒業後、農商務省入省。昭和5年の衆議院議員に当選。第2次岸内閣で官房長官を務め、通産相、外相、自由民主党政調会長などの要職を歴任した。
①後藤新平と私、②満州開発の手伝い、③正力松太郎氏の後藤新平叔父への恩返しなど

正力松太郎が「たっての頼みがある」と訪ねてきた。当時の内務大臣（中央警察官庁の最高長官）である後藤新平氏の故郷に、記念公会堂を建てて恩義に報いたいのだと。しかし、その頃の日本は物資不足で、公会堂や旅館の建設は、許可されなかったと言う。

正力が受けた恩義とは、読売新聞社が財政的に行き詰ったとき、当時の10万円（現在の1億円以上）は必要で、伊豆長岡で静養中の後藤新平氏に相談に行くと、「協力しよう。ただし二つの条件がある」と言った。

その条件とは、一つは、後藤新平から金が出たとは言うな。もう一つは、新聞事業は一種の水商売だから、ダメと思ったら金に未練を残さずドブに捨てたつもりで帰ってこい、ということだった。この言葉に、正力はすっかり敬服してしまった。

10万円を受け取るも、正力はこの金が本当に後藤新平の懐から出たのかどうか、半信半疑だった。実は、この金は後藤が自分の屋敷を担保にして銀行から借り入れたものだった。正力はこの事実を知ってさらに愕然とした。そして、どうやってこの恩義に報いようか、と。

私は、この話を聞いた時に閃いた。「公会堂」はダメだと言うなら「公民館」ならどうか。現在、全国にたくさんある公民館の第一号は、こうして水沢市に建てられたのである。

後藤の妻は椎名の姉である。後藤家は椎名家の分家であり、椎名の叔父に当たる。後藤が正力に10万円という大金を無担保貸与できたのは、後藤自身が持ち家を担保に借り入れて用立てていたという話だ。後藤から見て、よほど正力松太郎に魅力と信用があったのだろう。この陰徳話に椎名も驚き、相談を受けた時の椎名の妙案が、公民館の始まりだった。

公民館は、共通の趣味や目的のために人々が集まり活用する場所だ。お金は方法であって目的ではない。人と人との繋がりの大切さを感じる話だと思う。とても真似はできないが。

お金を目的にせず、生かすことを考える

日本化路線を進める

椎名《しいな》　武雄《たけお》（日本ＩＢＭ最高顧問）（71歳、平成12年10月）

日本アイ・ビー・エム（ＩＢＭ）株式会社の代表取締役社長を経て会長に就任。
①日本ＩＢＭに就職、②ＩＢＭの企業文化、③ＩＢＭと日本コンピュータ企業との戦い、④日本化路線を進める、⑤日本国への提言、⑥放任と権限委譲は別など

日本ＩＢＭを、日本化に路線変更する上で、最大のハードルは米本社だった。一番苦労したのは製品やソフトの価格問題だ。ＩＢＭは歴史的に、世界統一の価格体系を守っていた。確かにこれだと値崩れを防げるし、独禁法の問題も生じにくいが、ライバルが値引き攻勢をかけている日本で、定価を守っていればシェアは下がるばかりだ。70年代後半、私は日本独自の価格体系導入を提案した。

もちろん米本社はノー。当時、米国はインフレ時代で定価を上げていた。日本でのシェア低下の危機感が薄い。本社は値上げを迫ってきたが、私は言うまでもなく反発。

戦いの舞台はニューヨークの予算会議だ。価格問題には、本社の言い分にも一理ある。こちらは「値上げをすればお客が逃げてしまう」と訴えるが、「どれだけ逃げるんだ」と

反論されると言葉に詰まる。時間をかけて日本ＩＢＭの苦しい立場を説明、ようやく１９８４年に日本独自の価格設定が認められた。

もちろん、本社の壁を乗り越えられなかったこともある。その代表的なものがソフトの有料化だ。有料化したら大打撃を受けると、何度「時期尚早《じきしょうそう》」を訴求してもダメだった。米本社との星取表は６勝４敗から７勝３敗ぐらいか。帰りの機内で悄然《しょうぜん》とすると、義理人情が塊の森進一が歌う演歌が、ヘッドホンから流れる。思わず涙がこぼれた。

１９８０年代アメリカのヒットソングは、マイケル・ジャクソンやシンディー・ローパーだった。その時日本では、小林幸子や大川栄策だ。日米のヒット曲を比べてみても、価値観の違いがわかる。どんなに日本特有の義理人情で説得してもＩＢＭ本社に思いは届かないだろう。

物事はロジカルに考え、訴えるべきである。筋の通った説明で交渉を行いたい。しかし、それ一辺倒では人の心は揺さぶれない。熱意も必要なのだ。

熱く交渉することも、仕事を面白くする秘訣

若き日の留学経験を思い出す

J・W・フルブライト（元上院議員）（86歳、平成3年5月）

米国の政治家。米国元上院議員。フルブライト奨学金の設立者。
①私の原点、②ローズ奨学金で英国留学、③フルブライトの留学生交換制度、④ケネディ大統領との裏話、⑤フルシチョフと平和共存、⑥事故だらけの人生など

第二次世界大戦中に、米軍が世界各地に残した軍事施設ならびに車両、食糧、毛布、衣類などの備品類について、戦後にどう処分すべきかと、国務省が頭を悩ましていた。資産をそのまま引き取ることは不可能であったし、すべての国に無償で提供するほどの余裕はない。そのために、相当額を戦場となった国に支払わせようにも、ドル立ての完済はその国には不可能だ。そのため、在外資産の対処方法を苦慮していた。私は、ローズ奨学金を得て、オックスフォード大学に留学した経験を活かせるのではないか考えた。つまり、在外資産を戦場となった国に売却し、その国はその支払い方法として、留学生をアメリカに送る際の経費、および米国からの留学生を受け入れる経費をそれぞれの国で負担する、というやり方だ。この方法なら各国とも自国通貨で対応することができる。米政府にとっても新たな

負担を伴わずに新規事業を始められ、在外資産を一挙に解決できるのだ。
1947年から事業を開始。交換留学生の第一陣は1948年、台湾、ビルマ（現・ミャンマー）、フィリピンの間で実現した。その後、英仏をはじめ欧州、アジア諸国が続き、日本との交換協定ができたのは1951年のことだった。1952年末までには27カ国との協定を結び、年間に米国人が1200人以上、外国人は2200人以上が留学した。

1947年から始まった「フルブライト交流事業」は日本では1952年に開始された。今まで半世紀以上にわたり、日本を含む約160カ国を超える約40万人の人たちが活用してきた。日米間だけでも2022年までの総参加人数は9700人以上（日本人約6700人　米国人：約3000人）となる。その中には、ノーベル賞受賞者の小柴昌俊氏（物理学賞）、下村脩《おさむ》氏（化学賞）、利根川進氏（生理学・医学賞）、根岸英一氏（化学賞）が含まれており、実績も上げている国際交流事業である。

戦後日本の再建や国際化に貢献

伝統は守り続けるものなのか？

四世　茂山《しげやま》千作《せんさく》（狂言師）（75歳、平成6年10月）

大蔵流狂言師。茂山三世の長男、大正13年に初舞台。昭和41年、茂山千五郎家の当主名十二世千五郎を襲名。平成6年、四世千作を名乗る。狂言師として初めて文化勲章を受章した。

①能楽と共に70年、②茂山家の歴史、③雅楽の中、女優と共演、④協会から除名危機など

武智鉄二《たけちてつじ》氏は、閉鎖的な能楽界にオペラと能楽を融合し、新風を吹き込む意欲を持っていた。能楽師が商業劇場の舞台に立ち、雅楽をバックに女優と共演、オペラ歌手が謡《うた》うのだ。昭和29年11月、新橋演舞場で行われた『東は東』『夕鶴』の二本立て公演は、武智氏の野望を実現した。『東は東』は、日本に漂着した唐人と日本人女性との「国際結婚」の難しさをユーモラスに描いたもの。私の役は唐人の伍雲拙《ごうんせつ》で、相方の日本人妻「ふくな」は萬代峰《よろずよ》子さんだった。音楽は雅楽を使い、宝塚歌劇出身の萬代さんの演技力は素晴らしかった。

武智氏の私への注文は微細だった。「ちょこちょこと、チャップリンの様に歩いて」とか「手を一杯に広げて飛んでください」とか、狂言にはない演技が多い。私ができないと伝え

ると稽古したらできると、武智氏は決して譲らなかった。私は歯を食いしばり稽古に耐えた。

宝塚や映画、舞台などで活躍する女優と狂言の共演とは思いもつかない発想だ。狂言界では、他流の狂言師や狂言以外の演劇人との共演がタブー視されていた。しかし、茂山は、弟の茂山千之丞と一緒に、歌舞伎や宝塚出身の女優と共演した実績を持つ。この革新的な取り組みは「茂山兄弟、破門か」という協会からの除名危機にあったとも書かれていた。私は一度、舞台を観させていただいたが、笑顔そのものに人柄が見えた。

能と狂言を合わせて「能楽」と言うが、この頃の能楽師の中には、能の悲劇性こそが高尚で、狂言は喜劇だからそれほどでもないと言う人も多かった。今では、コメディアンがテレビのコメンテーターを務めることもあるが、当時は、「笑い」が軽いものと思われていたのである。また、この傾向は日本人の伝統的な思い込みがあったのかもしれないと「履歴書」には書いている。能と狂言の関係は、ちょうどオペラとオペレッタの関係のようではないかと思えた。オペレッタは喜劇性を持つからである。

伝統は、時代に柔軟に対応できるものである

ポツダム宣言を訳す

下田《しもだ》　武三《たけぞう》（外務省顧問）（70歳、昭和52年6月）

外交官。ポツダム宣言の翻訳や、沖縄県返還に関わった。また日本野球機構のコミッショナーを務める。
①外務省の人員削減、②条約課長としてポツダム宣言を日本語訳、③外交官と裁判官を経験して、④担当記者の思い出、⑤歴代首相の思い出など

私は昭和20年6月下旬、条約局第1課長に任ぜられ、上司から7月下旬に入手の「ポツダム宣言」の前文の正確な訳文と解説を作るよう命ぜられた。政府はわが国の存続を望み、かつ「天皇の国家統治の大権」を変更する要求を含まないことの了解を条件に、この宣言を受諾するという方針を固めた。8月10日に受諾する旨を申し入れることにしたが、連合国から送られてきた回答文（バーンズ回答）には、日本文に訳す上で見逃せない、非常に困った箇所が二つあった。これを直訳すれば徹底抗戦派の主張が勢いを増すことは歴然としていた。

その一つは天皇の国家統治の大権の取り扱いで、原文には連合国最高司令官に subject to とあり、直訳では「隷属する」となり、一大事なので、「制限の下におかれる」と意訳した。

もう一つは日本国のultimate form of governmentで、直訳すればまさに「国体」である。原文では、「ポツダム宣言に従い、日本国民の自由に表明する意思により決定されるべきとする」となっている。そのまま訳文にすれば、徹底抗戦派が「それでは国体の護持にならない」として、戦争継続を主張することは火を見るよりも明らかであった。そこで「日本国の最終的の政治形態は……」と意訳して、天皇陛下は無キズで、その下にある政府の形態が国民の意思によって自由に決められるともとれるようにしたのである。そうして、8月14日の御前会議でご聖断が下り、翌15日、終戦の玉音放送が行われた。

これは、昭和20年8月15日（終戦の日）を迎えるまでのペンによる攻防である。意訳とは、意味を変えず、言い方を変えること。言い方次第では、誤解を招き、争いにもなる。普段の人間関係でも同様だ。それが、戦争の火種となれば、考えるだけで背筋が凍りつく。

下田は外交官を退官後、最高裁判事も勤めたが、裁判官を経験して裁判とは畢竟《ひっきょう》、人間社会の大きな調和を図るものだと納得し、どちらも「和の作業」だと説いた。

言葉選び一つで、国の存続に関わる

2-7-1の割合で考える

ジャック・ウェルチ（前GE会長）（66歳、平成13年10月）

1981年から約20年間、ゼネラル・エレクトリック（GE）会長を務めた。①家庭環境と母親、②大胆不敵な行動、③評価と報酬、④後継者選び、⑤ウェルチとガースナーの性格比、⑥辞めさせたい管理職への対応など

私は、吃音《きつおん》のため内向的な少年期を過ごした。母親は「あなたは頭の回転が早いから、言葉が追いつかないのよ。心配いらない」と自信を持たせてくれた。また、私をトランプゲームに付き合わせ、勝負の面白さと、闘争心も教えてもらった。

私の会社経営は従業員や役員をAランク20%、Bランク70%、Cランク10%の3ランクに分けた。Bランクは中間層で現状維持。Aランクには昇進・昇給・ストックオプションなどの報奨を与えるが、Cランクは退職をさせるか、配置転換を行った。そのため、退職した社員から「奴隷のように社員をこき使い、成功しても次の戦場に追いやる」と訴訟された。

会長の後継者選びは、6年の歳月を費やし、16人から3人の候補者に絞り込んだ。

その3人と、「GEの長所・短所」「日常業務での不満は何か」「自分が会長になった場

合、最初の1カ月で何をしたいか」「工場閉鎖・配置転換・解雇問題・M&A」などを徹底的に議論した。社外取締役の意見も考慮した上で、最終的に後任には、ジェフ・イメイトを選んだ。そして、選ばれなかった2人の有力候補者に対し、退職という苦渋の決断を下した。

ウェルチの経営手腕は、数多くの書籍や雑誌などで紹介や解説をされ、今も多くの社会人や経営者に影響を与えている。

「履歴書」で紹介されたCランクの対象者を、退職させるか、配置転換するという判断について冷酷無残だと考える人もいるが、実は全く逆。本人が成長もせず、経験が豊かにもならないまま放置しておくことこそ「偽りの親切」で残酷だと考える。長い間、表面を取り繕って平等に扱い、中高年になってから「君はいらない」と放り出す方がはるかに冷酷だろう。

その後、彼自身も従業員に高いノルマを設定し、業績を伸ばすやり方が、時代遅れだと軌道修正をしている。名著も時代とともに、微調整をする必要があるのかもしれない。

高いノルマの設定は、時代とともに調整を要する

プロゴルファーを引退した理由

ジャック・ニクラウス（プロゴルファー）（66歳、平成18年2月）

米国出身のプロゴルファー。１９６２年、「全米オープン」で初優勝。メジャーで史上最多の通算18勝（マスターズ6勝、全米プロ5勝、全米オープン4勝、全英オープン3勝）を挙げている。

①引退決意、②グランドスラム達成、③大統領のルールなど

２００５年7月15日、英国セントアンドリュース、18番ホールを72で終了したとき、すべてが終わった。すべてのプレッシャーからようやく解放されるのだと思った。

この時になぜ引退を決めたのか。今でもそう問われることがある。最大の理由として、誰でも65歳という年齢を考えるだろう。しかし私のドライバーの飛距離は道具の進化もあり、今でも２８０ヤードを超える。7番アイアンの飛距離も１５０ヤード。どれも全盛時と変わらない。ただ、パットだけは違った。今でも4フィート（１・２ｍ）のパットは問題ない。ところが15フィート（４・５ｍ）のパットが全く入らなくなった。かつての私はこれを問題なく決めていたのにだ。

パットが決まっても決まらなくても、言えることは一つ。本当に強いチャンピオンは皆、例外なく「絶対に入れなければならないパット」を必ず決めるということ。かつてのアーノルド・パーマーや、今のタイガー・ウッズがそうだ。もちろん私もそうだった。

長いパットを決められない。これは競技ゴルフにおいて致命的だ。だから私自身はもう潮時だと感じていた。競技生活をこよなく愛し、人一倍、勝つことにこだわった。勝てる可能性のないゴルフはしたくない。「72」や「75」といったスコアを続けている限り、勝利は望めないからだ。

王者には、入れなければならないパッドがある

勝負の時は、誰にでも訪れるものだ。チャンスを掴《つか》み取るには、事前の準備が必要だ。ジャック・ニクラウスも周到にパットの練習をしていたことだろう。そしてイメージ通りに決められない距離を感じ、引退を決断。彼は「絶対に入れなければならないパッド」の意味を一番理解していた。「私の履歴書」には、様々な先人の体験談と感想が書いてある。時代は違うが、自分の経験を置き換えて、参考にしてほしい。

ご主人の笑顔を守った黒子《くろこ》

末広《すえひろ》　恭雄《やすお》（東京大学名誉教授）（71歳、昭和50年8月）

東京大学農学部教授、東京大学名誉教授、東京大学水産実験所所長などを歴任。日本作曲家組合会員、勲三等旭日中綬章。著書には『魚類学』『魚の生活』などがあり、「お魚博士」として知られた。

①魚の解剖経験、②皇太子殿下へのご進講と思い出、③華厳《けごん》の滝の学術調査など

昭和30年秋、私は皇太子殿下（現・上皇陛下）に「魚学」を毎週1回東宮御所に出向き、ご進講していた。最初の1、2回は侍従の付き添いがあったが、それ以後は12畳ほどの洋間に殿下と二人きりで、時々黒板を使いながら、机を前にして講義と実験を行った。

後年、殿下は魚の脳の形態に、興味をお持ちになった。さらに、魚類の分類、つまりは種の判別は外形だけではなく、魚類の内部構造にまで及んだ。たとえば、骨格や内臓器官形態のキメ手になるという「大原理」に取り組まれていた。その第一歩として、ハゼ類の骨格の形態的研究に没頭された。

午前のご進講が終わるとお昼近くなるので、しばしば殿下と二人だけで昼食をご馳走にな

った。食事中に気楽な会話と言っても、皇太子殿下のお相手では、緊張感が抜けなかった。二人以外には、殿下の愛犬のシェパードだけが、極めて忠義面でテーブルに寄り添っている。これが気になり、食事も喉を通らない。この番犬が、時々私の足の傍へ鼻をつけ、異様な唸り声を出す。決して噛みつかなかったが、つくづく恨めしかった。

皇太子殿下の日常が垣間見える内容である。年の差があれば、共通の話題を見つけるのは難しい。その上、皇太子殿下と二人きりでの空間を愛犬のシェパードにしっかりと監視されていれば、長い昼食と感じただろう。愛犬もそのお役目を務めているのが微笑ましい。

末広の「私の履歴書」では他に、「魚の解剖経験」や「華厳の滝の学術調査」が紹介されている。特に、「華厳の滝の学術調査」では、日光の養鱒場《ようそんじょう》から、ニジマス、コイ、ウナギの活魚を滝の落とし口から落とし、その体にどのような傷が付くかを調べた。それは、投身自殺者が多い、華厳の滝の実勢力調査だった。滝口から落とした魚類は、どの魚も即死か瀕死の重傷だったと書かれており、興味深い話として読んだ。

仕事は忠実にこなす

泣いても泣き足りない思いでいっぱいである

鈴木《すずき》 茂三郎《もさぶろう》（社会党委員長）（63歳、昭和31年3月）

第2代日本社会党委員長。大学卒業後、記者を経験、のち日本社会党結成時に加入。政策審議会長、書記長、委員長を歴任。昭和31年3月1日開始の『私の履歴書』最初の登場人物。

①父母からの手紙、②苦学時代、③社会主義の学問的研究は晩学など

車夫の父から（原文のまま：一部抜粋）「いろいろおまへに心配をかけてまことに気毒におもひます。私の考えちがひで、おもひのほかの貧乏になり、おまへひとりになんぎをさせるはじつに私がわるかったです」。

母からの手紙の一部（原文のまま：母は眼病を患い、平仮名のたどたどしいもの）

「さむさきびしくそうらゑども、おまへさまにわまめでしごとおなさるはなしおきいて、うれしくござんす。わたくしのうちも二ねんもふしあわせがあり、おまえのからど（体）おあてに、まかなひのかねやらかり（金を借り）おまへもよだるい（詰まらない）ことであろうけれど、やゑもんどの（父のこと）かぜをひき、しゃくがてつだひ、むなさきがいたみ

……」。

こうして私たち4人を育ててくれた父と母の恩を思うと、私は泣いても泣き足りない思いでいっぱいである。

無学な父も母も息子にすまなく思う手紙の内容だが、息子は両親の愛情に深く恩義を感じているのがよくわかる。私は、鈴木が国会議員になって演説する際、「私は両親に対して不肖の息子」と紹介し、聴衆が怪訝な顔をしていたと聞いている。また、小学校を卒業すると、上級の学校に入学させてくれるよう両親に頼んだが、許されることはなかった。

それから鈴木の苦学の人生が始まった。新聞配達、牛乳配達、夜店、土木作業員、車引き、書生、原稿書生など何でもやった。水道橋橋畔に土木作業員の周旋場があり、毎日未明に、周旋場へ出かけて行ったが、仕事にあぶれることが多く、仕事がもらえても半日のみ。大抵はお役所の倉庫の書類運びをやった。鉄輪の古びた人力車を親方から借りて、夜の池之端で客待ちをしたこともある。質屋通いは顔が利く通《つう》だ、とも書いている。苦労人だった。

国民を思う気持ちも、家族を思う気持ちも同じこと

出家とは生きながらに死ぬことだ

瀬戸内《せとうち》　寂聴《じゃくちょう》（作家）（70歳、平成4年5月）

昭和32年、「女子大生・曲愛玲」で新潮社同人雑誌賞を受賞。中尊寺で得度。著書に『夏の終り』『花に問え』『場所』などがある。京都・嵯峨野「曼陀羅山《まんだらさん》　寂庵《じゃくあん》」を建立。

①出家の理由、②アカン垂れの標本、③子宮作家、④師僧今東光先生、⑥青空説法と法話など

出家の理由を聞かれるのが嫌だった。どうして出家したのか。出家して19年も経った今でもまだ人に聞かれる。この質問が私は大嫌いだった。こんな質問をする人は何も本気で聞いているわけではないからだ。ただ好奇心、それものぞき趣味の次元の低い好奇心からにすぎない。得度の挨拶状には、私は自然に導かれてこうなったと書いた。

仲の良かった遠藤周作さんから神父さんを紹介してもらい、この神父と聖書を読んだ。しかし、私が洗礼を受けることはなかった。なぜ天台宗かという問いについてもまた同様である。いつの間にか、私の知らぬ間に仏縁の糸が首筋や背に幾本もしっかり縫い付けられ、それがある時、機が熟し、一つにまとめられ、一気に引き寄せられたのであろう。

私が仏に近づいたのではなく、仏が私を、引っ張りよせたのだ。その力は強く、仏の意志に逆らうことは不可抗力だった。

昭和33年発行の著書『花芯』では、赤裸々な男女交際が記されている。批評家たちからは、「子宮作家」というレッテルを貼られ、散々な非難を受けた。その後、多くの作品を刊行するが日の目を見ず、出家を志しても多くの寺院から受け入れられなかった。

昭和48年に天台宗中尊寺にて得度、寂聴となる。週末には青空説法（天台寺説法）として、法話を行い、多くの人（特に女性）の悩みを共有し、訪れる人の支えとなった。

寂聴は心の向くままに歩み、型破りな人生は多くの非難を受けた。

人生に逆らわずに生きる

思いのままに生きるということは、多くの犠牲を払いながら年を重ねていくことだ。寂聴は常に弱者への視線を忘れなかった。人間の愛と孤独を平易に説くことができたのは、彼女の人生経験あればこそ、なのだろう。彼女が墓碑銘に選んだ言葉は「愛した、書いた、祈った」であった。波乱万丈の人生を簡潔にかつ、的確に残している。

20年の苦労が、嬉しい悲鳴に変わった

高橋《たかはし》　政知《まさとも》（オリエンタルランド相談役）（86歳、平成11年7月）

のちの三井不動産社長・江戸英雄から誘われ、オリエンタルランド専務に就任。東京ディズニーランド建設予定地の漁業組合に、漁業権の放棄を求める交渉役として、奔走した。①川崎千春さん、②漁業組合と大酒飲みの交渉、③ディズニーランドのオープンなど

昭和58年4月11日、各界から2万6千人を招き、東京ディズニーランドのグランド・オープン式典が開かれた。私が、東京ディズニーランドの建設に着手したのは昭和36年のことであった。ディズニーや県・国内企業との困難な交渉を乗り越えて20年以上を費やした。

一番嬉しかったのは、「ディズニーランドが命」であった相談役の川崎千春さん（初代オリエンタルランド社長）が涙ぐんで、喜んでくれたことだった。

4月12、13日には、地元の浦安市民に、これまでの協力を感謝し、招待プレビューも行い、いよいよ4月15日、営業開始の日を迎えたのだ。私は、米国ディズニーのカードン・ウォーカー会長とともに、「東京ディズニーランドの開園」を宣言した。私も最初は、うまくいくとは思っていなかった。米国側の試算は、一日最大3万5千人。これ以上の入場は、キ

ャスト（従業員）から、ゲスト（お客）に満足なサービスが届けられないと判断していた。

しかし、オープン4カ月後の夏休み期間中は、入園者数の一日平均が5万7千人にまで達し、営業サイドからは、うれしい悲鳴が上がった。こうして、一年目で1千36万人と目標を達成。さらに、入場料、飲食、商品売り上げを含めた一人当たりの消費単価が、当初予想の5000円を上回る7000円となり、売り上げも8百億円に達した。

令和5年4月15日、東京ディズニーランドは40周年を迎えた。平成13年9月4日には東京ディズニーシーもオープンしている。日本内外のゲストに夢を与え続けている。しかし、建設にあたり、問題は山積していた。それをまとめたのが、2代目オリエンタルランド社長となる高橋である。気の荒い漁師たちを相手にお酒で交流を深め、信頼を得ることで問題を解決していった。酒宴の是非は、時代によって変わるもの。しかし、対面での「夢の話し合い」が大事なことは、いつの時代も変わらないだろう。

夢を語り、みんなに夢を与える

血縁関係はないのにそっくりとは

武見《たけみ》　太郎《たろう》（日本医師会会長）（63歳、昭和42年6月）

日本医師会会長、世界医師会会長。官僚にも強気なやりとりを行い、喧嘩《けんか》太郎と言われた。医師会内部でも「三師会」（医師会・歯科医師会・薬剤師会）に影響を及ぼし、武見天皇とまで呼ばれる。

①肝臓ジストマが取り持つ交友関係、②吉田茂との関係、③吉田外相に学者を紹介するなど

当時、横浜正金銀行（現・三菱ＵＦＪ銀行）頭取だった大久保利賢《としかた》さんの夫人（高橋是清《これきよ》翁の長女）は私の患者で、私はこの方からも信頼されていた。大久保利賢さんは維新の元勲大久保利通《としみち》の末子で、内務大臣牧野伸顕《のぶあき》伯はその実兄であった。

大久保夫人の関係で牧野伸顕内大臣の診察をすることになった。幸い牧野の持病はよい方にすすみ、私は大久保夫人の信頼を得た。大久保夫人は、牧野の二女で、利舞子の娘である英子を私の妻にと誠意をもって推薦された。私は急いで女房をもらう気はなかったが、枢密《すうみつ》院《いん》顧問の南弘《みなみひろし》からも見合いを勧められており、それが同じ英子だったので興味を持ち、結婚

をすることにした。見合いは、牧野の自室で英子とその両親に会い、10分か15分間、牧野一家と雑談のみだった。吉田茂元首相の夫人が、牧野の長女だったことから、吉田家と私とは多少の姻戚関係もできることになった。世間では、私と吉田さんとは血が繋がっていて悪い所が甚《はなは》だ似ているように伝わっているが、血縁関係がないことはこれで明らかだと思う。

「私（武見）と吉田さんとは血が繋がっていて悪い所が甚だ似ているように伝わっているが」この表現に思わず笑ってしまった。甚だ似ているのは風貌か気性かは判らないが、私には両者がとても似ているように見える。

武見はこの「履歴書」のとおり、吉田首相との血縁関係はなく、姻戚関係上から、吉田首相に医師、科学者、学者の人脈を紹介することができた。具体的には岩波茂雄、安倍能成《よししげ》、和辻哲郎、仁科芳雄、渋沢敬三、中山伊一郎、東畑精一、和田博雄らである。

こうして、武見は、医師会を初め、政界からも信頼関係を深めることとなった。婚姻関係ばかりが、すべてではないが、どこにでも信頼を得る機会はあるものである。

お互いが似ていると言われるのも人徳

新妻との誓い

田中《たなか》　角栄《かくえい》（自民党幹事長）（48歳、昭和41年2月）

元内閣総理大臣。昭和47年、「日本列島改造論」を発表。同年第一次田中内閣が発足。昭和49年、金脈問題で内閣総辞職。昭和51年、ロッキード事件が発覚し、逮捕される。
①母は優しいが怖い人、②電話3番の女性、③新妻と初夜の誓い、④吃音をなおすなど

私は、3月3日の桃の節句の日に、はなと結婚をした。戦争が苛烈をきわめてきたころなので、派手な結婚式も披露の宴もできず、二人がその事実を確かめ合うだけでよかった。ものも言わず、虫も殺さぬ顔の妻に、その夜三つの誓いをさせられた。その一つ目は出て行けと言わぬこと、その二つ目は足げにしないこと、そしてその三つ目は将来私が二重橋を渡る日があったら彼女を同伴すること、以上である。もちろんそれ以外については「どんなことにも耐えます」と結んだのである。私はこの三つの誓いを守って、ことしで25年目を迎えるのである。いま考えてみると、そのときから彼女の方が私より一枚上手であったようだ。

この三つの誓約は、その後の田中の女性関係の噂を考えると「新妻との約束は果たしている」とも思え、最初はとても微笑ましく感じたのだった。

ところが今よく考えてみると、「将来、二重橋を渡る日があったら」などと、20代の夫に妻が言う言葉だろうか？と疑問に思ってしまう。これはきっと読者へ向けた政治家のサービス精神からきた言葉だと思える。

田中の「履歴書」では、幼年期から青年期を経て、28歳で衆議院に初当選するまでが書かれている。高等小学校を卒業後に土木工事の現場で働き、その後は、柏崎の県土木派遣所に勤めた。上京後、木場や建築会社に住み込みなどで働きながら、多くの職場で、親方や上司、職人の心の持ち方、人の接し方を学んだ。田中は、総理に就任すると、その経歴から国民の絶大な支持を得て、「庶民宰相」「今太閤」と呼ばれた。

多くの職場で得た気付きや学びが、田中の人生指針となり、官僚や政治家、財界人など多種多彩の人たちの人心収攬《じんしんしゅうらん》ができる糧《かて》となったように思えた。

約束ごとは守る

金融業界の序列

田淵《たぶち》 節也《せつや》（野村證券元会長）（84歳、平成19年11月）

野村證券（現・野村ホールディングス）を「世界の野村」へ成長させた。
①ノルマ証券、②山一證券の救済目的の見方、③金融序列に抵抗、④先輩3社長の功績、⑤マーケットを見る日米の違い、⑥バブル崩壊など

昭和30年代前半、岸信介元首相の時代にできた資本主義計画経済の金融は、「大蔵省が一番偉く、その代理人が日本興業銀行で、興銀の指図でお金を配分する都市銀行が床の間を背負って上座に座り、下座で頭を低くして控える証券会社がお金を融通して戴く」という世界だった。封建時代さながらの序列であった。たとえて言うならば、町人の分際《ぶんざい》の証券会社が、武士である銀行や事業会社に対して物を申すなどあり得ないという時代だった。何度、癪《しゃく》に障る思いをしたかわからない。今では考えられないことだ。

企業金融の銀行支配が緩むのは昭和50年代後半以降だ。昭和61年に三菱グループの総本山である三菱重工業の国内転換社債の主幹事を、野村證券が山一證券から奪ったのは象徴的なできごとだった。金融が義理人情でなく損得重視になり、三菱重工業も野村證券と付き合う

しかなかったのだろう。

銀行員が証券マンを「株屋」と見下していた時代があったことを、この「履歴書」で知った。また、日米の證券会社に対する認識の違いも書いている。

田淵は「米国は、メリルリンチやゴールドマン・サックスなどの証券会社のトップが財務長官になる国だ。『株屋ごときが』という日本で、野村のトップが大蔵大臣になるなど考えられない」と憤懣《ふんまん》をぶちまけている。戦後、大阪から東京に出てきた野村證券は、兜町《かぶとちょう》の山一證券や日興証券から田舎者扱いで相手にされなかった。田淵は銀行や他の証券会社への強い憤りをはっきりと「履歴書」に残している。田淵の憤りを感じた私はその主張を痛快に感じた。

この発奮が田淵の活力になったのは言うまでもない。田淵は、反論なきまでに打ちのめされても、感情的にはならなかった。そして、社長室に直径1mほどの地球儀を置き、日々それを眺めながら集めたデータを冷静な判断で考察し、世界に打って出ていくことになる。

冷静に積み上げることが、大きな花を咲かせる

都市設計プランで大事なこと

丹下《たんげ》 健三《けんぞう》（建築家）（70歳、昭和58年9月）

昭和36年、丹下都市建築設計を開設。「世界のタンゲ」と言われた。代表作は、国立代々木競技場、東京カテドラル聖マリア大聖堂、フジテレビ本社ビル、新都庁舎、香川県庁舎東館等がある。

①都市設計プラン、②丹下研究室、③東京五輪施設（人間性を根底に据える）など

東大大学院時代、私は「都市設計」というものを考え始めていた。それまで勉強してきたのは、すべて一つひとつの具体的な建物についてだった。しかしこれからの時代は、都市を総合的にデザインする都市設計が大切なのではないと思い、図書館へ行き、いろいろと資料を調べてみた。ギリシャ、ローマ時代の復元地図を見ると、ほとんどの都市の中心に広場がある。広場はギリシャ時代ではアゴラ、ローマ時代ではフォラムと呼ばれており、いずれも広場を中心に都市が整然と広がっていた。

そういえば、こうした整然たる建物群は日本にもあるのではないか、と思った。神社や仏閣がそうである。本堂があって、五重塔があって、回廊を廻《めぐ》って、境内ができている。いず

れも美しい空間秩序を形作っているではないか。この空間秩序を、都市という規模にまで発展させることができないだろうかと考えた。

建築家は建物を設計するだけだと思っていた私は、「そうか、建築家は街や都市の自然や文化を採り入れた調和のある建築物を設計する総合芸術家なのだ」と認識を新たにした。成城にあった丹下健三の自邸の写真をみると、神社を思わせるような造りなのである。この自邸は文化人のサロンとしても機能していたようで、まさに神社のように人が集まる中心の建物となっていた。

家は、施主である自分の思いを詰め込んで建てるものだ。自己主張もしたくなる。しかし、木を見て森を見ずともいうが、近隣もしくは、街並みに合わせる目を持つことも、大事だと気付かされる。自宅も街の一部であるからだ。

これは、一番大切なでき事や仕事と向き合った時、一呼吸おいて周りを見回すことにも似ている。内側ばかり見ていると見つからないものが、外側からはよく見えているものだ。

一つだけを見ず、全体の関係をみる

私の音が見えた瞬間

辻《つじ》　久子《ひさこ》（バイオリニスト）（62歳、昭和63年4月）
昭和13年、第7回音楽コンクール（現・日本音楽コンクール）で優勝。その後、プロとして活躍。
①稽古が自信に、②暗譜の貯金箱、③絶対音感の役立て、④表現のコツ会得、⑤演奏は聴衆に聴かせるのではなく、聴いていただくものなど
マエストロ（巨匠）として有名なローゼン・シュトックが新交響楽団（現・NHK交響楽団）の指揮者として昭和11年に来日した。ローゼンがピアノを弾き、私がモーツァルトの協奏曲第4番の練習を始めた途端、ストップがかかった。

「久子、モーツァルトはガラス越しに見えるきれいな景色だ。いきなり手を出してつかもうとしてもガラスがあるからつかめない。でも、その景色は本当に立体的で美しいんだ」。

一瞬、何を言っているのかわからなかった。その時突然、絵はがきで見たヨーロッパの風景が頭に浮かび上がり、それを追いかけるように夢中で弾いた。「そう、それでいい」。

先生の声でハッと我にかえると、満足そうな笑顔が目の前にあった。私にとって開眼した

瞬間だった。譜面には作曲者の思想や、心の様相が記されている。それを読み取り、隠されている景色や風の香り、語り合う人々の情景などを、自分なりに思い描きながら弾く。演奏を聴いている人も、あるイメージを思い浮かべる。音楽とはそういうものではないだろうか。

世界的なピアニストの園田高弘《そのだたかひろ》も、辻と同じようなことを語っている。ヨーロッパで修業中に「語学を学ぶのに発音や構文を知り、どういう意味で言葉が並んでいるかを理解していくことと同じで、ただ音符を弾くだけでは音楽にならない」と教えられたと言う。その土地の歴史や文学、自然環境を理解して演奏をしなければならないと、悟ったと言うのだ。

私は、辻が天才バイオリニストと言われていたし、才能が溢れていたのだと思っていた。

しかし、辻は父から、「生まれながらの天才なんていない。60％の才能があれば、後は努力の積み重ね。久子はそれをやっただけだ」と言われていたとある。辻は、深夜の一人稽古を止めることはなかった。これに耐えられなくなり、怠け心を退けられなくなった時、バイオリンを置く日になるだろうと記している。辻がバイオリンを置くことは生涯なかった。

音は様々なイメージを運んでくれる

ワンマン社長だが

土川《つちかわ》　元夫《もとお》（名古屋鉄道社長）（67歳、昭和45年2月）

名古屋鉄道社長。「名鉄中興の祖」。国内外に関連会社を持つ、多角経営を行った。①名鉄百貨店のカラー、②犬山にモンキーセンターをオープン、③明治村の創設、④具体的な会議ルール、⑤左遷への対応など

木曽川の沿岸にはサルが出没し、観光客に人気だった。しかし、マンガン鉱の採取の際に聞こえる爆発音を恐れ、いなくなってしまった。私は、サルを元に戻したいと考えていた。渋沢敬三（民族学者・日銀総裁）さんにサル企画を相談すると、彼はこれに賛成し、学者も集めて意見を聞くことになった。その席では、野生動物を保護したいという学者、医学の実験動物としてとらえたい学者、サルの社会形態を研究する霊長類研究グループ、我々のように企画で儲けようとする観光会社が集まって、モンキーセンターを設立することになった。渋沢さんの干支《えと》が五黄《ごおう》の申《さる》なので会長に就任してもらい、財団法人（現・公益財団法人）日本モンキーセンターは、サル類の総合的研究、野生ニホンザルの保護などを目的に、昭和31年、犬山でオープンを迎えた。

多方面からの専門家を一つにまとめることは、至難の業だ。土川は「労務の土川」として知られ、犬山モンキーセンター、明治村など中京圏振興に大きく貢献した人物である。ワンマン社長と言われた土川なら強引に決める印象があるが、渋沢の干支を用いて会長に置くなど、周りに対しての心遣いを感じる。

社内でも労働組合との協調を意識した。「社会貢献・会社経営・社員生活」の3点揃って向上発展させる経営方針を打ち出している。私は総務部の仕事が長かったこともあり、会社全体を巻き込む重要な会議の事務局を、いくつか担当した。いかに効率的に議論をまとめるかには苦労した。結論が定まらない会議もあった。一見ワンマンに見える土川だが、ここぞという場面では、社長という立場から指針を示す。疎《うと》ましく感じる社員もいただろうが、リーダーとして大事な役割だ。つらい左遷経験もある土川はその役割を全うした。ワンマンと言われることに誇りを持ち、「なにもわかってはいないな」と、ほくそ笑んでいたのかもしれない。

まわりがよく見えている気遣いの人

怒号だけではない

土光《どこう》 敏夫《としお》（経済団体連合会名誉会長）（86歳、昭和57年1月）

石川島重工業社長、石川島播磨重工業会長を退いたのち、業績不信の東京芝浦電気（現・東芝）社長、会長に就任し、業績を回復。経済団体連合会第4代会長、第二次臨時行政調査会会長。

①両親の信仰、②私の第六感、③東芝社長に就任早々、④行政改革・会長引受けの背景など

私が経団連会長に就任した昭和49年以降の日本経済は、苦境にあえいだ。石油ショック、インフレ、不景気、エネルギー、資源問題、貿易摩擦などである。そうした困難を、各企業は省エネルギー、節約、合理化に努めて何とか乗り切ることができた。一応、対応策が成功したと言っていいだろう。民間は改善されても、官の方は手付かずである。官は福祉国家と謳《うた》うが、財政は膨れ、政府は節約や合理化の姿勢すらなく「増税、増税」と言う。昭和54年、「行政改革をやらん限りは、『増税』の声は聞かんことにする」と言ってしまった。

行革は、一種の世直しである。臨調会長の話は断ったのだが、鈴木善幸総理からも懇請《こんせい》さ

れ、引き受けた。しかし、就任の際に、私は4か条の「申入れ事項」を提出。その第一条件に、行政改革の断行は、総理の決意あるのみである。私も最大の努力を払うが、総理もこの答申を必ず実行するとの決意を明らかにしていただきたいとの旨を書いた。鈴木総理はこれを受け、「政治生命を賭ける」と言明した。

率先垂範に人は従う

土光は社長室にデンと座っている経営者ではなかった。謹厳実直な人柄と抜群の行動力や質素な生活から「行革の鬼」「怒号《どごう》さん」「メザシの土光さん」などの異名で呼ばれた。

東芝の社長就任時に始めたことは、機構改革のほかに、全工場、支店、営業所などへ訪問し、現場の問題点を把握することだった。訪問先では、「オヤジ」と呼ばれ歓迎された。人の10倍以上働く率先垂範《そっせんすいはん》は、彼の出勤時間にある。東芝では毎朝7時半には出社した。初出社の日、まさか社長がそんなに早く出てくるとは考えもつかないものだから、受付の守衛が「どなたでしょうか」「今度、御社の社長に就きました土光というものです。よろしく」などと言う珍妙な挨拶が交わされ、守衛がびっくりして最敬礼をしたという。

現政権を破壊させることに夢中になっていた

トニー・ブレア（元英国首相）（58歳、平成24年1月）

法廷弁護士から、1983年、下院議員に当選。財政・経済関係などのスポークスマンを担当し、1997年、第73代英国首相に就任。首相時代のサミット中にテロ、ダイアナ妃の死などに遭遇している。
①野党党首から首相になると、②官僚の問題点、③政党は利益集団の集まりなど

私が野党の党首から首相になった当初は、現政権を崩壊させることに夢中になっていた。しかし、時間が経つといろいろなことがわかってきた。たとえ政府が正しくても、いったん世論が傾けば、政府が正しいかどうかはどうでもよくなってしまうのである。私は突然、新進気鋭の挑戦者から、責任を担う者になり、物事を間違っていると説明する者ではなく、間違いを正して決定を下す者になった。首相の責任は、野党党首とは全く異質だった。

官僚の問題点として、官僚組織はうまく指揮すれば強力な機構になる。官僚たちは知的で勤勉で公共への奉仕に貢献している。ただ、大きな課題に対し小さな思考しかできず、組織が跳躍を求められたときに、少しずつしか動かなかった。私の政権では改革の多くを官邸主

導で進めているため、政権の中枢部の機能を強化した。

現代政治で奇妙なのは、大衆の多くは中道の政策を求めているのに、政党は党派色を強めていることだ。政党には様々な既得権益を持つ支持者がいるが、そうした利益集団は公共の利益を代表していない。

自身の意見は、周りを恐れず意欲的に

人の評価を恐れ、その時の流れに意見を同調してしまうことはよくあることだ。後で、その意見は違うのだとささやいてみても、もう遅い。

立場や地位で主張が通りやすくなる場合があるのであれば、自身の信頼と地位を得ることも必要だ。中庸な意見は、まとまりやすいが、打開策にはなりにくい。新しい時代の変わり目では、思い切った意見も必要であり、それを受け入れる組織も必要であろう。

ブレアはサッチャー首相の保守党政権から労働党の党首として政権を奪い取り、43歳からの10年間首相として君臨した。日本の万年野党が政権を獲り、自民党に代わって政治運営を行ったときは、ブレアと同じ思いではなかったかと思った。

発明家佐吉の凧揚げの記憶

豊田《とよた》　英二《えいじ》（トヨタ自動車会長）（71歳、昭和59年9月）

トヨタの創業者・豊田佐吉の甥。石田退三と共に「トヨタ中興の祖」と呼ばれている。
①伯父・豊田佐吉、②トヨタ自動車工業の設立と計画、③軍要請の自動車生産、④親父の3兄弟は酒好き、⑤トヨタ生産方式、⑥ジャスト・イン・タイムは管理職の洗脳など

私の父（佐助）の兄である佐吉は、長男の喜一郎には厳しかったが、私には優しかった。喜一郎と私は18歳も違っていたので、私を甥というより、孫として見ていたのかもしれない。佐吉にすれば、孫でも甥でも直接教育に責任がないから、いいおじいちゃんぶりを発揮したかったのだろう。佐吉は、凧揚げが大好きだった。自分で、タタミ何畳もある大凧を作り、5月に揚げる。緑豊かな山を背景に、一人では持てぬほどの大きな凧が、鯨《くじら》のヒゲを弓にして、唸《うな》りの音を響かせるのだ。

凧を見つめながら糸を操る佐吉の姿は、今でも思い出す。私が物心ついたころ、豊田の織《しょっ》機《き》は御木本の真珠（現・ミキモト）、鈴木のバイオリン（現・鈴木バイオリン）と共に有名になり、佐吉は名声を馳せていた。しかし、小さいころから佐吉を身近に見てきたせいか、生

前、佐吉を「伯父さん」として見たことはあっても、「発明家佐吉」として見たことはなかった。

豊田英二の伯父である「豊田佐吉」は、独自で見聞を広げ、自動織機を発明し、トヨタ自動車の礎となる現在の豊田自動織機を創業した人物である。

石田退三も言うように、佐吉は一緒に料亭に行っても、寡黙に独酌する人物であり、それが社会的なイメージだった。しかし、英二から見れば、家族が心配するほど、破天荒な一面を持っていた。佐吉は凧揚げであっても、大きさを変え、構造に工夫を凝らすところは、発明王としての面目躍如というところだろう。英二は佐吉の公《おおやけ》には見せない一面を、「履歴書」で伝えたかったのだと思う。

英二は、佐吉の長男・喜一郎社長の右腕としてトヨタの創成期を支え、喜一郎の急逝後も、高級車の草分けとなる「クラウン」や大衆車「カローラ」を世に送り出し、トヨタの発展に大きな功績した。佐吉の凧揚げの情熱は受け継がれていたのだ。

何事にも熱中

人を斬ったら血が出るんだ

仲代《なかだい》 達矢《たつや》（俳優）（73歳、平成17年11月）

無名塾主宰。文化勲章受章。舞台、映画やドラマに出演し、存在感のある演技に定評がある。

①黒澤明監督の思い出、②萬屋錦之助、三船敏郎、勝新太郎の殺陣《たて》、③女優の性格、④今のプロダクションに疑問など

黒澤明監督は人を斬るのに綺麗に舞っては、斬れないと時代劇映画に不満があった。当時の時代劇の所作《しょさ》をもっと生々しくしたのは黒澤さんだった。「人を斬ったら血は出るんだ」と映画で実践した。黒澤映画の殺陣では、実際に竹光《たけみつ》を当てるから小さいケガが絶えなかった。東映のチャンバラ映画の殺陣が「舞う」なら、黒澤映画は「斬る」という表現が似合う。

華麗に舞うようにチャンバラがうまかったのは萬屋錦之助さん。三船敏郎さんはバッツン、バッツンと斬っていて、そのスピード感（10秒で10人）がすごかった。勝新太郎さんは座頭市《ざとういち》で真骨頂を見せていたが、斬った後の余韻がうまかった。彼の場合、斬った後、それをスッと鞘《さや》に納めるまでが立ち回りで、その余韻が残るのだ。

映画『椿三十郎』のラストでは、私の身体にタンクが備え付けられ本番を迎えた。三船さんに斬られた瞬間、心臓から血がドッと噴き出す演出のため、身体が後ろに倒れそうになるのを必死で踏ん張った。また、加山雄三君はこの撮影時に仕掛けのことを、何も知らされておらず、血がドッと噴き出すのを見て、同僚の田中邦衛君と同じくびっくりした顔で撮影されていた。

殺陣は「舞う」より「斬る」

私も『椿三十郎』のラストシーンには、加山雄三と田中邦衛と同様に驚かされた。

仲代は「芝居は基本が大事だ」と言う。自身でも「無名塾」を主催し、発声の訓練、時代劇や現代劇の立ち居振る舞いなどの初歩的な所作を、じっくりと勉強する場を作り、後進を育てている。出身者には役所広司、益岡徹、若村麻由美、赤間麻里子、内浦純一、滝藤賢一、村上新悟、松崎謙二など、錚々たるメンバーが並ぶ。土台がなければ、何も積み重ならない。殺陣の芝居で個性が出るのは、しっかりと基本（型）があるからできるのだ。

なにかに迷った時は、原点を見直すことが、突破口を開くことに繋がるかもしれない。

夜逃げのつらさ

永《なが》野《の》 重《しげ》雄《お》（富士製鐵社長）（69歳、昭和44年1月）

新日本製鐵会長、日本商工会議所会頭などを歴任。「戦後の財界のドン」とも言われた。①私と柔道、②松永安左エ門氏の茶室で大失態、③日本製鐵分離で富士製鐵に、④母の参観、⑤夜逃げのつらさ、苦しさなど

昭和5年の世界恐慌により物価は下落。トン当たり5、6万円していた鉄板が40円、丸棒が50円を割った。それでも買ってくれるところがあればよかったが、買い手がつかなくなった。ついには従業員に賃金を払うことも欠くありさまとなった。これでは富士製鐵も、もう破産よりほかかないという実状だった。それらの危機を何度か乗り越えたものの、昭和6年の暮にはどうにも首が回らなくなり、ついに夜逃げしか考えつかなくなった。

家には戻れず、暮れから正月までの何日間か東京の安宿を転々とし、とうとう箱根を経て熱海の宿へ泊まることになった。

正月の温泉町は、静かな中にも新春らしい活気があった。通りには羽子板を持った子供たちの楽しそうな姿が見え、時折新婚の男女が寄り添うようにして通り過ぎてゆく。それに引

きかえ「俺は……」と情けない気分になる。人から、夜逃げの話を聞いていたが、こんなにたまらないものかと、身にしみて知らされた。

途方に暮れた永野は、いつまでも逃げてはいられないと思い直し、会社へ戻る。そして、渋澤正雄社長や300人の従業員と再建に向けて進みだす。永野が銀行に対して、必死に融資の依頼を行った甲斐もあり、会社は存続の危機から脱したのだった。富士製鐵はのちに、新日本製鐵株式会社となり、永野も「戦後の財界のドン」と言われるまでになる。

経済界の重鎮であった永野が、こんな悲惨な経験をしていたとは思ってもみなかった。この「履歴書」を読むことで「ドン」と言われた人物の意外な一面を見ることができた。

「私の履歴書」では、思い出に残った交友録が数多く掲載されている。交友録の登場者として最も多く名前が上がっているのが、松下幸之助と永野重雄だ。それだけ経営者や著名人から親しまれ、影響を与えているということだろう。

人生経験が人を大きくする

年収1000万円の病

中邨《なかむら》　秀雄《ひでお》（吉本興業会長）（70歳、平成14年6月）

吉本興業代表取締役社長、会長を経て名誉会長。数多くの舞台や番組から人気タレントを育てた。①花菱《はなびし》アチャコのマネジャー、②やすし・きよし、③林正之助、④演芸部門の再興、⑤芸人のギャラ（100万円から8億円まで）、⑥懲戒解雇など

当社に属している芸人は6000人以上。その中で最高年収が8億円強で、1億円超の高額所得者11人を合わせると、1000人強の芸人が1000万円以上の年収を取っている。逆に年収100万円以下の芸人も3000人以上いる。収入については格差の激しい社会だ。

芸人はいったん人気が出ると倍々ゲームで収入が増える。歩合給のテレビ出演本数が急増するせいだ。一番危ないのが年収1000万円前後の頃だ。新幹線を普通車両からグリーン車にしろとか、地下鉄に乗っていたのをタクシーに替えろなどと言い出す。ギャラはお客さんが払ってくれているという本質を忘れてしまい、自分の腕で稼いだと錯覚するのだ。芸人誰しもが、一回はかかる「はしか」である。

〝芸人誰しもが一回はかかる「はしか」〟とは、よく言ったものだ。はしかは流行《はや》り病とも言われる。芸人とかけているのか。長く患っていれば、身が持たないということか。

ギャラ（年収）は芸人評価のバロメーターでもあり、相関関係にある。ギャラのアップは芸人の生きがいになっている。寸暇を惜しんで努力し、ライバルとの過当競争を勝ち抜いていけば、プライドも高くなっていくのだろう。また、芸人たちの不安と焦燥が感じられた。

東京では、人気が出るとギャラが高くなり、大阪は芸人の格でギャラを決めていたという。中邨は、東京進出で東西にある芸人の価値観の垣根を壊した。そのきっかけは明石家さんまの東京でのブレイクだったとある。

芸能界の噂話はよく聞くが、会長直々の言葉であれば、ギャラ情報も信頼できるというもの。「履歴書」掲載当時の「よしもとトップスターと言えば誰だろう」と考えてしまう。

どんな世界でも鼻にかけて仕事をしていれば、うまくいかない。それをわからせることができるのも中邨の役目であり、また中邨だけだったのだろう。

気が付かなければ、落ちるだけ

女子高に男女共学の音楽学科を併設する

生江《なまえ》　義男《よしお》（桐朋学園理事長）（71歳、昭和63年12月）

昭和23年、桐朋学園に勤務。桐朋幼稚園、小学校、中学、短大、大学、教育研究所を創設し、学校長、理事長に就任。『学園歳時記』『教育八方やぶれ』など、著書も多い。
①戦後教育の混乱、②31歳、桐朋学園へ、③桐朋学園の音楽科誕生など

昭和26年10月、桐朋学園は満10周年を迎えたが、この式典の前後に「音楽科併設問題」が起こった。夏の終わりごろ、桐朋学園理事長・柴沼直《なおし》の紹介状を持って、江戸英雄（当時三井不動産部長）氏らが訪ねてきた。昭和23年から、家政学院の一室を借りて続けられていた「子どものための音楽教室」の生徒たちが高校就学時に達したので、何とか音楽高等学校（共学）を設立したいという。それは井口基成《もとなり》、斎藤秀雄氏らの意向もあるという。

この計画は慶應義塾大学や青山学院大学などに断られ実現せず、柴沼理事長と江戸氏が旧制水戸高の同級生であった関係で、桐朋学園を選んだというのだ。私にとって、新しく音楽科を設立するなど突然の話であり、桐朋はやっと10周年を迎え、さあこれからと考えていた矢先のことだったので驚いた。これには、教職員もＰＴＡも考えは同じ、大反対だった。音

楽学科設立の問題点は、まず多額の資金を要すること。また、女子高に男女共学の学科を設立することは、男子生徒に対する危惧と反発の念が強かったのだ。

しかし、江戸氏らの熱意もすさまじかった。さらに、当時の木代《きしろ》修一校長（東京教育大教授兼任）が、芸術教育に対して積極的な協力姿勢をしめしたことで、昭和27年、桐朋学園音楽科が誕生したのである。

世界に通じる音楽家の誕生

女子高に男女共学の音楽学科を設立とは、学園経営において大きな挑戦であった。金銭面はもとより、男子学生を受け入れることに、保護者の賛成が得られるとは到底思えない。しかし木代校長の決断と、運営を任された生江の努力が実を結び、この計画は大成功の結果を得る。

第1期生には、平成10年に行われた長野オリンピックでは音楽監督を務め、平成28年にベルリン・フィルハーモニー管弦楽団より、名誉団員の称号を贈呈された小澤征爾がいた。その後も優秀な音楽家達を輩出している。英断と努力が実を結んだ。

堂塔の建立には木を買わずに山を買え

西岡《にしおか》 常一《つねかず》（宮大工棟梁）（81歳、平成元年11月）

文化財選定保存技術保持者。法隆寺東院礼堂解体修理、五重塔の解体調査と復元などを行う。

①祖父から宮大工は工業校より農業校へ行け、②土の命を知れ、③木の癖組みは工人等の心組み、④法隆寺の金堂建築に口伝を生かす、⑤ヒノキは千年越え「動く」「香る」など

夜は、家に帰るといつも祖父にマッサージを頼まれた。私に揉まれながら、祖父はいろんな話をする。「木というものは、土の性《さが》によって、質が決まる。山のどこに生えているかで、癖が生まれる。峠の木か谷の木か、一目でわかるようにならなあかん」「どこそこの瓦は土が上等や」などと材料の話から、大工の評価までする。

祖父は、「堂塔の建立《こんりゅう》には木を買わず山を買え」とも言った。「一つの山の木で、一つの堂、塔を作るべし」というのである。吉野の木、木曽の木と、あちこち混ぜて使ってはならない。木は土質によって性質が異なる。同じ環境の木で組んでいく。その木組みについては、「堂塔の木組みは木の癖組み」と言い、木は生える場所によって、それぞれの癖を持つ。

それを見抜き、活かして組め、建物の寸法の都合に合わせて組んだりするなということでもある。続いて、「木の癖組みは工人等の心組み、工人等の心組みは匠長《しょうちょう》が工人等への思いやり」だと教えてくれた。

西岡は、スギなら700〜800年、松なら400〜500年の耐久性がある、ヒノキであれば、1000年以上ビクともしないと説く。一見、木材より丈夫そうなコンクリートの耐久年数は約50〜60年だと言われている。木材は、長持ちする建築材なのだ。

宮大工とは住宅を専門にしている大工とは違い、神社や仏閣といった歴史的建造物の建築や修繕を行う仕事だ。西岡は祖父の体を揉みながら、たくさんの知識を得ていたのだろう。祖父の教えでは、木材を扱うにあたり「協調性の大切さ」を説いている。同じ木材でも、その性質を見極め、喧嘩しないように組み立てていく。材木の癖を活かした集合体が、美しい建築物となっているのだ。建物になっても木は生きている。西岡は修復の際、カンナで削ると、大工ならわかる、生のヒノキ特有の香りが漂ってきたと書いている。

木材の気持ちを聞きながら建てる

自意識過剰な罵声の真意とは

蜷川《にながわ》　幸雄《ゆきお》（演出家）（77歳、平成24年4月）

「世界のニナガワ」と呼ばれた。代表作は『ロミオとジュリエット』『NINAGAWA マクベス』など。
①俳優から演出家に、②舞台は開幕3分間が勝負、③自意識過剰の人生、④「バカヤロー」は親しみの口癖、⑤主夫で子連れ演出家、⑥落第続きで発奮など

戦後の埼玉県川口市は、空襲に遭わなかったため、戦前の鋳物《いもの》工場が温存されていた。当時は、街全体の雰囲気が沸き立つようであり、僕が少年から青年に成長していく時代だった。昭和37年の映画『キューポラのある街』を観た人なら、その活気が伝わるだろう。

キューポラとは、コークスを燃やして鉄を溶かす溶鉱炉のことだ。「吹きどこ」と呼ばれた炉で鉄をドロドロになるまで溶かす。吹きどこは、高温で火山から流れ出す溶岩みたいに赤オレンジの光を放ちながら、鉄が煮立っている。それを「湯」と言った。絶対に目をつぶるな、と皆で言い合っていた。何かの混合物が湯に入ると、パーッと跳ねる。目をつぶったら最後、飛んできた湯で瞼《まぶた》が焼け、くっ付く恐れがある。夏場は塩を舐め、汗だくで働いて

いた。一瞬の油断が命取りになる。

だからこの街では「ぼやぼやしていると危ないですよ」が「気をつけろ、バカヤロー」になる。後に演出家になった僕は、稽古場で「バカヤロー」と連発し、灰皿や時には椅子を投げて演出をしていた。

それは「おい元気か、バカヤロー」が挨拶になる川口っ子にとっては、普通の言葉。照れくささと親しみがこもった表現なのだ。

蜷川は生まれつき自意識過剰だった。しかし、なにかあるごとに恥ずかしいという気持ちに襲われる性格は、小学生の頃から変わらないという。

過激な演出で知られる蜷川も、太地喜和子《たいちきわこ》から「お願いだから、俳優をやめてちょうだい」という強烈なダメだしをされ、演出家に転向したことを正直に告白している。

蜷川のやさしさが感じられるのは、演出家として「舞台は開幕3分間が勝負だ。懸命に働いた人たちが夢を見ようと足を運ぶところが劇場だ」を信条としていることだ。

バカヤローは親しみの口癖

日本の力を残す

野田《のだ》　岩次郎《いわじろう》（ホテルオークラ会長）（84歳、昭和56年5月）

三井物産で海外勤務を経験し、大成観光の社長に就任。大倉喜七郎とホテルオークラの建設に携わった。
①持株会社整理委員会の内幕、②GHQ側人物の思い出、③ホテルオークラ引き受け条件と合意、④財閥解体の日本側代表としてなど

持株会社整理委員会は、公正取引委員会や国家公安委員会と同じように民間人で構成しながら行政権を持つという米国式の委員会で、それまでの日本にはなかった組織である。委員は財界人や日本政府の官僚ではなく、民間人の中でも財閥に関係した人、もしくはその当時、財閥関係の会社に在籍していない人と定めていた。

この委員会の組織作りは昭和20年秋に始め、昭和21年の正月には、内幸町に準備事務所を置き、私と三和銀行頭取の中根貞彦さんの二人で電気コンロに当たりながら、方針を語り合った。三和銀行総務部長だった近藤彰敏氏を引き抜き総務部長に、横浜正金銀行から大月栄一氏を財閥整理課長とした。これが事務局の原型である。同年4月20日に持株会社整理委員

会令が発令され、5月3日には前記メンバーが設立委員となり、委員長選びなどが始まった。委員長候補の中根さんが追放命令をうけ、委員長選びは難航。経済に明るいアラスカパルプ社長の笹山忠夫さんを委員長に、私が常務委員になる形で委員会は出発をした。

ＧＨＱが、日本で推し進めた二大改革は農地改革と財閥解体だが、野田は財閥解体を担当し、日本側交渉人として中心的な役割を果たした。

ＧＨＱの目的は、財閥解体に取り組むが、日本産業の完全な破壊ではなく、世界の産業や商業、貿易の脅威にならない程度の解体を促すことだった。

これは、四大財閥（三井、三菱、住友、安田）の自発的解体を意味した。四大財閥はこれに抵抗したが、日本政府と協議の上で解体案に応じる原案を作った。その骨子は、一切の株式と関係企業に持つ権利を、日本政府が設置する持株会社整理委員会に移管し、解体を受け入れること、三井や岩崎などの財閥一家は、すべての事業から引退し、各財閥役員も辞任するなどであり、ＧＨＱもこの案を承認した。

「解体と和」で、日本の復興を目指す

物事を分析し、よく考えることとは

野村《のむら》　克也《かつや》（シダックス監督）（70歳、平成17年6月）

戦後初の三冠王。引退後は、プロ野球でヤクルト、阪神、楽天の監督を務め、リーグ優勝4回、日本一3回の名将。愛称は「ノムさん」。①捕手は試合の脚本家、②ささやき作戦、③阪神タイガースの弱点、④ＩＤ野球、選手再生工場など

私は入団5、6年目の頃、捕手は試合を動かす脚本家でもあると考えるようになった。当時、試合に負けると、よく旅館の大部屋で杉浦忠らと反省会をやった。私は負けず嫌いで、悔しくて寝られないこともあった。「あそこは直球じゃなくて変化球だったかなぁ」「もう一回やらせてくれ」と、いつも思っていた。ある時、自分は凄いことをしているのではと気が付いた。サインを出す指一本で試合が動く。「守っている時は監督と同じだ」と思った。

私はある本に書かれていた内容を思い出していた。その内容は「戦い」について書かれており、「戦力」「士気」「変化」「心理」の4要素で構成されていた。中でも「心理」が重要で、ほとんどが「心理」に基づいているとあった。

野球は、一球一球の投球ごとに間《ま》がある。それは、考えるための時間を与えてくれているのではないかと思った。「野球は運動能力を競うだけではない。頭のスポーツでもある」と感じたのだ。それが「ささやき作戦」に繋がっていった。

野村の「履歴書」の書き出しでは、「私は才能に恵まれていたとは思っていないし、口達《たっ》者《しゃ》でもない。長嶋や王のようにまばゆい輝きは放っていない。むしろ地味で口べた、花でいえば月夜に咲く月見草のような存在だった。だから深沈厚重《しんちんこうじゅう》、物事を分析し、よく考える指導者であろうと目指してきた」とある。この言葉の前半は、謙遜だろうが、物事を分析し、よく考える指導者とは、「ID野球」と言われた野村の野球そのものだ。

野村は、ストライクゾーンを9分割し、配球がわかるように記録していた。「野村スコープ」と呼ばれたこともある。これを元に今でもインターネットの野球中継で使われている。「次の球はどこに投げる」「アウトコースの次の決め球はインコース低めか」など、まるで詰将棋のように楽しめる。野球のデータ分析を娯楽に変えた野村の大発明である。

分析は確認でしかない。どう活かすかで思考が始まる

7年間で1000日、延べ歩行距離4万キロの回峰行

葉上《はがみ》　照澄《しょうちょう》（比叡山長臈）（84歳、昭和62年10月）

大阿闍梨《だいあじゃり》、世界連邦日本仏教徒協議会会長、世界連邦日本宗教者委員会の委員長。①千日回峰行《かいほうぎょう》、②初回峰（７００日間）、③断食・断水・不眠不臥《ふが》、④京都大廻り、⑤文学と宗教、⑥野村克也氏など

回峰行を始めて5年目の昭和26年、７００日間目を回り終えた私は、無動寺の明王堂《みょうおう》で断食断水、不眠不臥の行に入った。７００日の回峰が終わった日から9日間の断食に入るが、「生き葬式」といって縁のある人々にご馳走し、お別れをした後、一人お堂の中に入る。パタンと扉が締まると、さすがに悲壮を感じた。水さえ飲めば29日は生きられるといい、逆に水を飲まなければ3日で死ぬというのが、医学界の定説だと聞いていた。３日目になると、確かに自分の体から死人の匂いがしてくる。細胞が分解していくのだろう。口も臭くなる。しかし、それでも死なない。5、6日ごろが一番冴えて、頭がすっきりしている。だが、さすがに9日目にはボーッとしてきた。私はこの経験で、自信をもって言えることは9日がギリギリ、10日やったら死ぬということを感じた。おそらく以前に、10日やって死んだ人があ

り、そこで9日の線が出てきたのだと思った。京都大廻りの後、元に戻って一日7里半、100日間の回峰をすませ、7年間で1000日、延べ歩行距離4万キロの回峰行も大行萬となった。昭和28年9月18日、もう51歳になっていた。

千日回峰行は、気が遠くなる修行だ。葉上自身も毎回の目標を100日と定め、毎回乗り越えることで、達成できたとしている。

葉上は、45歳になる年に千日回峰行を決意する。その動機を二つ上げている。一つは妻の31歳の死。もう一つは敗戦としている。「履歴書」には、5年間の初回峰後、9日間断食・断水・不眠不臥の堂入り、京都大廻りなど、すべての体験が詳しく記されている。「行に出る際は死者同様、畳の上で草履《ぞうり》を履いて、そのまま出ていくのである。いわば毎日死に行く。そして生かされて帰ってくる。その繰り返しである。行の期間中は毎日午前2時起き……」と書かれているので、この「履歴書」を読む間、私は襟を正していた。

一歩、一歩。力を得ながら進んでいく

ホームドラマはおしゃべりなんだ

橋田《はしだ》　壽賀子《すがこ》（脚本家）（94歳、令和元年5月）

脚本家、劇作家。話題作やヒット作を多数手掛ける。代表作は『おしん』『春日局』『渡る世間は鬼ばかり』『おんなは度胸』『春よ、来い』など。
①テレビ視聴率増大の三要素、②脚本セリフは長いのが特徴、③恩人　石井ふく子プロデューサーなど

私はテレビ視聴率増大の三大要素として、一つ目は「身近なテーマ」、二つ目は「展開にとんだストーリー」そして、三つ目は「リアルな問題点」だと考えている。この三つの要素を持っていれば、必ず視聴者の心を摑むことができるのだという信念を持っている。そう考えるまでになったのは、恩人・石井ふく子プロデューサーの存在が大きい。

石井さんの指導は、とにかく厳しかった。原稿のあちこちを指して「これはテレビのセリフじゃないわ」「ここ読んでみなさい。こんなキザなセリフ言う?」とダメ出しが続いた。

その理由として、映画は何台ものカメラを使い、アングルを頻繁に変えることができるので、セリフは短いほどいい。反面テレビでは、映画ほどカメラの台数が使えないので、セリ

フは長くても構わない。このアドバイスを受け、私は「ホームドラマはおしゃべりドラマなんだ」と思って、原稿に手を入れた。石井さんにダメ出しをされているうちに、映画時代に身についていた脚本のクセが、少しずつ剝《は》がれていき、テレビドラマがどういうものか、ぼんやりとわかってきた。私より1歳下の石井さんに、血を全部入れ替えてもらった気がした。『愛と死をみつめて』が放送された昭和39年4月、私は38歳でようやく脚本家として地に足が着いたと感じることができた。

人からのアドバイスで自分の仕事の芯を見つける

修行時代は、誰にでもあること。橋田が他と違った点は、アドバイスの中から仕事の本質を学び取ったことである。多くの指摘の中から三つの柱を見つけ出し、自分のものにした。橋田は新聞の投書欄をよく読み、ラジオの人生相談番組にも耳を澄ませた。テレビの向こう側で、人が何を考え、何に悩んでいるかを知ることができたと言う。

橋田のドラマは、「セリフが長い」と指摘されることが多かったが、これを最後まで変えることはなかった。橋田作品の特徴として、多くのファンに長く愛されることになったのだ。

粋な遊び方で学んだこと

早川《はやかわ》　種三《たねぞう》（興人相談役）（83歳、昭和55年12月）

昭和50年当時、戦後最大の倒産といわれた興人の再建を行ったことで有名。「再建の神様」言われた。「命令だけで抑えつけてやると無理が出る」と一致団結して危機に立ち向かう組織作りを行った。①学生時代に3億円の財産分けで散財、②花柳界復興の手伝い、③興人の管財人など

私が道楽を始めたころの花柳界は、第一次世界大戦がもたらした好景気に沸き、船成金や株屋が豪遊した話を随所で聞かされた。お金がない私には、そんな遊び方はできない。しかし悪ふざけはよくやった。芸者だけでなく、太鼓持ちとも親しかったので、太鼓持ちに慶應の学生服を着せ、私が太鼓持ちの格好をして新橋を歩いたりした。

花柳界のある所は一般に三業《さんぎょう》地《ち》と言われ、葭町《よしちょう》、柳橋、新橋などは料理屋、待合《まちあい》、船宿、芸者、太鼓持ちで五業組合を形成していた。夜遊びばかりが遊びとは限らない。昼間からでもお茶屋に上がる。新橋ではお茶屋で飲み、夕方には舟を出し、御台場あたりで投網《とあみ》を打ったりした。遊びが夜だけとなったのは、関東大震災後、世の中が不景気になってからの

ことだ。葭町にはよく通い、次に新橋という順だった。柳橋や深川にも足を運んだ。

早川は学生としては規格外の破天荒な遊びを経験していた。学生時代に現在の3億円相当の財産を分与され、散財したとの記載に驚いた。私には想像もつかないお茶屋遊びや花柳界の内情をこの「履歴書」で教えてもらった。戦後に大倉喜七郎から新橋のお茶屋に呼び出しがかかり、そこへ向かうと、大倉の「戦争で荒廃した新橋の再興に手を貸してやろう」という呼びかけのもと、藤山愛一郎、日興証券の遠山元一などの10人が集められていた。この席で花柳界復興の団結をし、この時の人脈が事業再建の手助けをしたのだ。

早川は、従業員のやる気を、どのように引き出すかが重要であるとの持論を持ち、企業が経営破綻を起こすのは、従業員が働き難《がた》い環境に陥っているからだと考えていた。

そのため、従業員のやる気さえあれば、どんな思想信条も許容し、再建に力を尽くした。ところが、早川は企業再建に取り組みはするが組織に執着せず、再建が完了すると経営から手を引く潔さがあった。これも粋な遊びから覚えた技だろうか。

やる気を引き出すことが重要

知の未開拓地を耕す

ピーター・ドラッカー（米クレアモント大学教授）（96歳、平成17年2月）

オーストリア・ウィーン生まれ。フランクフルト大学卒業。経済記者を勤めた後、ニューヨーク大学教授などを経て、クレアモント大学院大学教授に就任。経営書を多数執筆。①両親の社交（交遊）、②22歳で記者兼教授に、③ＧＭのコンサルタントになど

私はフランクフルトの新聞社に入社した。2年後の22歳になったばかりの頃に、3人いた副編集長の一人に昇格した。地元のできごとの取材には、自ら出かけて回っていた。当時、頭角を現していたナチス党首アドルフ・ヒトラーや、その右腕のヨーゼフ・ゲッベルスの演説を聞き、何度も直接インタビューを行ったこともある。

フランクフルト時代は、記者と教授の二足のわらじを履いていた。フランクフルト大学法学部の授業に興味はなく、当時は出席せずとも試験に通ればよかったので、21歳のときには国際法の博士号を取得していたのだ。そのため、法学部の教壇に立つことも多くなっていた。

国際法担当の老教授が病弱だったので、代役で国際法のゼミを主催したり、教授のクラスを代講したりもしていた。

1943年、ゼネラルモーターズ（GM）にコンサルタントとして招かれ、「マネジメント（経営）」をテーマにした書籍や論文を書いた。当時は、類書がほとんどなかったのだ。戦時体制下にある現場工場では、愛国心に燃える労働者を相手に直接取材を行った。私は、誰とでも会ったし、どんな質問にも答えた。私とGMの懸け橋になった副会長のドナルドソン・ブラウンの了解のもとで本を書いていることだけで、十分幸せだった。

誰もやっていないことに取り組む

誰もやっていないこと、前例のないことに直面したときに、どのように考えるだろうか？それを言い訳にやらないと考えてはいないだろうか。1943年当時、マネジメントというテーマは希少だった。それに臆せず、行動したことが大きな功績の一助になっている。

誰も踏み入れていない地には、皆、臆するものだ。時には鬱蒼《うっそう》と生い茂った密林のように、時には水一滴も見つからない砂漠の荒野のように、見えることがあるだろう。そんな時は、宝が眠っている場所を探しに、地図を持って前に進んでほしい。それは、誰もができるはずだ。

「スーパードライ」の出発点

樋口《ひぐち》　廣太郎《ひろたろう》（アサヒビール名誉会長）（75歳、平成13年1月）

住友銀行（現・三井住友銀行）に入行。昭和57年よりアサヒビール社長に就任。会長、名誉会長を歴任。
①商売敵《がたき》から助言（アサヒ復活の原点）、②スーパードライの成功、③堀田庄三さんの訓え、④得意先回りなど

「スーパードライ」の爆発的なヒットには、理屈だけでは説明できないものがある。私が社長に就任した時、アサヒビールのシェアは過去最低の９・６％で経営不振であった。

しかし国立醸造研究所を訪ねた時、技官が「おかしいですね。アサヒが売れないとは」と言うので訳を訊ねると、３社のビールは基本に同じコンセプトで、みんな一緒。せいぜい製品が新しいか、古いかくらいの違いだと言う。データの裏付けもあった。

これは思い切ってアサヒビールのイメージチェンジを図るしかないと決意した。

休日に読んだドイツビール雑誌で、ビールに含まれるアルファ酸が、世界的に平均７％減っているという記事を偶然に見つけた。技術担当に聞くと、「苦味を作るアルファ酸が下が

っているのだ」と言う。ビールの味が世界的に変わっていることに気付かされた瞬間だ。スーパードライの最終的な味は、消費者5000人を対象にした市場調査により決定。業界で大規模な調査は珍しく、すっきりした味が求められていることが、確認できた。こうして、昭和62年3月、すっきりした飲み口の全く新しいビール「スーパードライ」を発表。当初の販売目標は、年間100万箱だったが、その年の販売は1350万箱を超えた。翌年も7割増を記録。シェアは13％から21％に跳ね上がり、業界3位から2位に躍進した。

ライバルの意見も素直に聞き入れる

スーパードライの成功の前にアサヒ復活の原点がある。それが「商売敵からの助言」だ。当時キリンビールの会長であった京都大学の先輩・小西秀次氏に不振原因を訊ねると、「麦の作柄は毎年変わるのに、おたくは仕入先が変わらない。これはマンネリで発展性がない上、店先のビールは古く、味が落ちている」との助言からアサヒビールの再建が始まる。

樋口は、社内の反対を押し切り、売れ残っていた古いビールを、すべて店頭から回収・廃棄した。それが結果的にアサヒ再興に繋がった話は有名な話である。

あなたの気持ちを伝えてあげますよ

日野原《ひのはら》　重明《しげあき》（聖路加看護大学学長）（79歳、平成2年9月）

学校法人聖路加《せいるか》国際大学名誉理事長、聖路加国際病院名誉院長、一般財団法人ライフ・プランニング・センターを設立し、予防医学、終末医療の普及推進などに貢献。①最初の患者、②医師の日米違い、③人間ドックの効用、④母校小学校で授業など

昭和12年3月、私は京大医学部を卒業して、4月に同大学の真下内科に入局した。入局直後の患者の一人に16歳の少女がいた。少女は滋賀県の紡績工場で働いていたが、結核性腹膜炎が悪化して入院してきたのだった。母子二人だけの生活は貧しく、小学校を出てすぐに働きに出て、病気になったと聞いた。

7月下旬の、ある日曜の朝、少女の容体は早朝からひどく悪化し、嘔吐が続き、私が病棟に駆け付けた時は、すでに重篤な状態であり、苦しみを止めるには、モルヒネ注射しかなかった。「先生、どうも長い間お世話になりました。私は、もうこれで死んでいくような気がします。母には会えないと思います。先生、母には心配をかけ続けて、申し訳なく思っていますので、先生から母によろしく伝えてください」と少女が言う。私は耳元で「しっかりし

なさい、死ぬなんてことはない。もうすぐお母さんが見えるから」と大声で叫ぶが、少女は息絶えた。
患者が死を感じて、言葉を残そうとしている時には、誰かがそばにいて手を握って話を聴いてあげることこそ、最期の時間を大切にしてあげるということではないか。この体験は、私が作りたかったホスピスケアへ繋がっている。

日野原は、少女の脈を診るよりも、「お母さんには、あなたの気持ちを十分に伝えてあげますよ」と、手を握ってあげなかったことに後悔をした。ホスピスケアとは、患者の痛みや心の悩みを緩和し、普段の生活に近い状態で過ごせるようにすること。日野原は、小学校時代と大学生時代に病を患《わずら》い休学。決して体が強いわけではなく、病の苦しみを人一倍感じて過ごす。享年１０７。日野原は、長生きの象徴的な存在であった。反面、その時を迎える人に寄り添い緩和することに、心を砕いた人でもあった。若い人からも年齢の高い人からも尊敬を受け、愛された人だった。

誰にでも訪れる瞬間のつらさを、寄り添い和らげる

性格が出る見舞い方

平岩《ひらいわ》 弓枝《ゆみえ》（作家）（76歳、平成20年7月）

『甃師《たがねし》』で直木賞受賞。代表作は小説『御宿《おんやど》かわせみ』シリーズ、ドラマ『ありがとう』シリーズなど。

①宮司の母親の口癖、②書き直し9回、③テレビドラマの脚本、④長谷川先生への夜の見舞客、⑤教えを受けた人生、⑥兄弟子たち（山岡荘八、山手樹一郎、村上元三）など

長谷川伸《しん》先生が重病で築地の聖路加病院に入院されたとき、夜も見舞客があった。勿論《もちろん》、規則違反で、入院病棟入口のナースステーションから先は入れない。昼間に舞台がある俳優は、見舞いに来るに来られない。とりわけ、先生に最も近い方々や、先生を親とも思っている諸氏などは、規則を知っていても、じっとしていられないようで、島田正吾《しょうご》、辰巳柳太郎《たつみりゅうたろう》の二人は毎度、ナースステーションのご厄介になった。

看護婦の話によると、ナースステーションでとがめられた時、島田は自分がどこの劇場で何時から何時まで舞台に出ているか、休日は全くないし、朝は何時から何時まで楽屋入りをしなければならないとか、延々と説明し、とうとう看護婦も根負けし、許可をしてしまう。

一方の辰巳は言葉もなく看護婦さんを前にしてひたすら頭を下げ、やがて大粒の涙を流して男泣きに泣いた。度肝を抜かれた看護婦が病室まで案内してくださったらしい。

また十七代目中村勘三郎は、ナースステーションの前をどうやって通り抜けてくるのか、さりげなく病室のドアを開け、ベッドで昏々《こんこん》と眠っている長谷川先生を暫《しばら》く見つめていて音もなく消えていく。後に長谷川先生が小康状態になられた時、その話をすると、「三人ともそれぞれに、彼らしいねえ」と涙ぐんだような目をなさってうなずかれた。

そして、私には、テレビドラマの仕事がやがて順風満帆になったら、自分は小説を書いて世に出たと思い出せ。最後に帰っていくのは小説だと言うことを忘れるなと言われた。

人に興味を持ち、内面を見極める

平岩は長谷川伸に弟子入りして、「町を歩いていても、乗物の中でも、喫茶店でも相手に失礼にならないように、さりげなくその人、その人を観察し、さまざまなことを推察する」のが先生から出された宿題で、多くの性格を発見したという。外見の雰囲気とその人の話し方や声は違う。喜んで長谷川に告げると、逆に細かく質問され、平岩は未熟さを感じた。

いかなる場面でも動じない男

弘世《ひろせ》　現《げん》（日本生命保険相互会社社長）（74歳、昭和53年8月）

昭和23年から昭和57年まで35年間、日本生命社長を務める。日生劇場を作ったことでも有名。

①高松宮様のご学友に、②東郷元帥と関東大震災、③婦人セールスマンの貢献、④日生劇場の誕生背景など

私の長姉が嫁いだ海江田《かいえだ》幸吉の姉が、東郷平八郎元帥夫人であり、私の家から近い麹町三番町に住んでいた。度々《たびたび》東郷家へ訪ねていたので、屋敷から家族のことまで、鮮明に記憶している。東郷さんは偉大で、穏やかだった。また、厳しさの中にも慈愛に満ちた人だった。

大正12年9月1日の関東大震災の時は、3番目の兄雄吾と一緒に、東郷さんの屋敷に駆け付けた。東郷邸は高台にあったが、すべての塀が倒れて、庭が丸見えの状態だった。東郷さんを探すと、庭の真ん中にイスと机を出し、ドンと座り落ち着いている。あわてて避難するように伝えた。東郷邸の車庫を囲んでいた大谷石が崩れているので、兄と私と運転手の三人で、石を片付け、自動車を引き出し「火が近づいて、危険ですからお乗りください」と勧め

ても「俺はここにいる」と言って聞かない。仕方なく夫人やお孫さんを自動車に乗せて新宿御苑《ぎょえん》に避難させたが、とうとう東郷さんは一人、庭から動くことはなかった。

そのうち、風向きが変わり火がそれたので、安心して家に帰った。ところが、翌日また逆風となり、東郷邸の近くまで燃え広がったが、幸い類焼は免れた。

普通の人なら、当然逃げるところだが、東郷さんは最後まで動かなかった。どういう心境か聞いてみたかったのだが、知る由《よし》もなかった。

東郷平八郎そのものであった

「私の履歴書」では、私（個人）を作っているのは周りの人（歴史）があってのことなのだと、自身の事よりも、思い出深い人や、影響を受けた人のことを挙げている人も多い。弘世の「履歴書」も東郷平八郎の思い出となっている。東郷元帥と言えば、日露戦争では連合艦隊司令長官として指揮を執《と》り、日本海海戦での完勝により国内外で英雄視された、いかなる場でも動じないイメージがあり、紹介された内容も、まさに「東郷平八郎」と思わされる内容である。自身の経験から語られる人物像はやはり、重みが違うのである。

日本棋院の借金王

藤沢《ふじさわ》　秀行《しゅうこう》（囲碁王座）（68歳、平成5年2月）

棋聖《きせい》戦6連覇、史上最年長タイトル保持者。緻密な棋風から「華麗・秀行」と呼ばれる反面、盤外では破天荒な生活で有名。アルコール依存症と戦う姿も「最後の無頼派」と愛された。
①囲碁は芸、②博才の持ち主（借金王となる）、③藤沢学校、④棋士生活など

小さい時からギャンブルが好きでビー玉やメンコなど一人勝ちしていた。小学生の頃から日本棋院の院生になってからも「受け将棋」のギャンブルをしていた。たいていは、先輩たち相手に一人勝ちをして、小遣い稼ぎをしていた。

12歳で「皇軍慰問団」の一員に選ばれた時も、初めてのポーカー、ブラックジャックで一人勝ちをし、200円以上せしめた。当時の高給取りが月給200円であり、慰問団の小遣いは一人5円と限られていたから、ほとんどの人から、巻き上げたことになった。

この博才《ばくさい》が競輪に移り、ドカンと一点買いのスリルに味を占める。当たれば儲かった分を、次のレースにつぎ込む。最終レースには、あり金全部を投入する。あるとき9レースに

20万円投じると、60万円に増えた。最終レースはその全額を一点買いに投じた。これがピタリときて420万円となった（当時はこの金額で家が買えた）。しかし、一瞬にしてありったけの金をパーにする方が多くなり、借金地獄に陥った。陰では「日本棋院の借金王」と噂されながら名人戦に臨んだ。

常に刺激を求めて、勝負に挑む

藤沢は、アルコール依存症でもあるため対局が終わると、いくら飲んでも飲み足らないので、寝る以外は盛大に飲み続けた結果、吐血しガンに罹《かか》ったとある。また「藤沢学校」として、昭和30年の中頃から阿佐ヶ谷の自宅に大竹英雄、林海峰《りんかいほう》、工藤紀夫など、上り坂の若手棋士を相手に「秀行塾」と呼ばれる研修会を月1回開催していた。

当時のアルコール依存症は、自分を律すれば治るものと考えられていた。現在では相談機関に相談したり、医療機関を受診したりすることを勧められる。

依存症の多くの人が、周囲との関係性を失って行く中で、藤沢が指導を行う「秀行塾」に若手が絶えず集まったのは、藤沢の棋風と指導力に魅力があり人柄も愛されたからだ。

真剣に物事に向き合うとは

初代・若乃花《わかのはな》　二子山《ふたごやま》 勝治《かつじ》（日本相撲協会理事長）（60歳、昭和63年2月）

第45代横綱。幕内優勝10回。年寄「二子山」を襲名。栃錦《とちにしき》と共に「栃若」隆盛時代を築いた。二子山部屋を創設。弟の大関・初代貴ノ花、横綱・2代若乃花、横綱・隆の里、大関・若嶋津らを育てた。
①猛稽古、②ハガネの筋肉、③土俵の鬼、④千秋楽横綱全勝対決、⑤大横綱は大酒豪など

私の兄弟子には力道山、琴ケ浜らがいた。巡業に出れば朝2時ごろから稽古が始まる。時津風《ときつかぜ》、高砂《たかさご》、二所ノ関《にしょのせき》と三部屋合併でやっていた頃は、人数も多く常に土俵の奪い合いとなった。一番土俵、二番土俵と先陣争いをするのである。夏場所は旅館に着いて、飯を食べたらもう相撲場に向かった。夜は土俵のわきで寝た。夜露は体にこたえたが、稽古のためには仕方がなかったのだ。質量ともに今とは雲泥の差のある時代だった。

三段目全勝優勝した私は、琴ケ浜と芳の里（当時、神若《かみわか》）と3人で激しい稽古を行った。うっちゃると引っぱたかれ、引いたり叩いたりは厳禁だった。この3人で3時間ぶっ通しの稽古も珍しくなかった。力道山の胸を借りた荒稽古では、20～30分で虫の息となった。

酒は横綱のころもよく飲んだ。毎晩、師匠とドブロク、焼酎を飲んだ。花籠《はなかご》さんは秋田の人らしく酒はめっぽう強かった。昭和27年のこと、一緒に大森海岸の近くで飲んでいたが、大雪が降って交通が全部ストップして帰れなくなった。後援者の人も一緒だったが、当時ようやく出回りだした日本酒を銚子で260本あけてしまったのだ。

当時の稽古は今とは比較にならないほどハードで、パワハラが当たり前だった。その時代でも若乃花は他を圧倒する猛稽古を行い、「土俵の鬼」と呼ばれていた。若乃花のライバルであった横綱栃錦も「7人も8人も兄弟がいて両親が苦労していることを思うと、絶対に家に帰れなかった。負けても、なにくそと思う以外、道はなかった」と語っている。生半可な気持ちでは、稽古について行けず、番付が絶対的な意味を持っていた角界で、力士は強くなることしか考えられなかった。

稽古だけではなく私生活も規格外であった。力士の中でも若乃花は酒豪で有名であった。「履歴書」にも、日本酒を銚子で260本飲んだとある。豪快な話である。

土俵の鬼も、人の3倍も4倍も稽古した

詞のために命を懸けた奴もいるんだ

船村《ふなむら》　徹《とおる》（作曲家）（70歳、平成14年5月）

日本音楽著作権協会（ＪＡＳＲＡＣ）名誉会長、戦後歌謡界を代表する作曲家の一人。①親友・高野公男、②銀座の流し（客の目を見て曲決める）、③新パートナー・星野哲郎さん、④美空ひばりさん、⑤演歌巡礼、⑥矢切の渡し、⑦失意のどん底（希望があれば）など

昭和32年、横浜市が横浜開港百年祭の一環として港に因《ちな》んだ歌を作ろうという企画で、雑誌社を通して全国から歌詞を募集した。審査と同時に優秀作に曲をつけろという。

審査は応募作品の作詞者名を伏せて行われた。多くの応募作の中に群を抜く2作品があり、最優秀賞と優秀賞は難なく決まった。ところが2作品とも作詞者は同じく、星野哲郎の作品だったのだ。

この結果に、高額の賞金を一人に渡すことを渋る審査員もいた。作曲を依頼されていた私は「いい作品がありながらほかの詩に曲をつけるのであれば、降ります」と反論した。結局私の意見が通り、最優秀賞は『浜っ子マドロス』に、優秀賞は『みなと踊り』に決定した。

この2曲が発売されたのは同年5月。横浜出身の美空ひばりが歌った。星野に会ったのはそのレコーディングの時だった。星野は私よりも7歳も上で、彼は酒が飲めなかった。

星野とはのちに作詞作曲のチームを組み、少しでも彼の詞が気に入らないと「詞のために命を懸けた奴もいるんだ。死ぬ気で書け」と酒を無理強いした。こんな口の利き方は生意気で礼儀作法もなっていない。本当は親友である高野公男《きみお》の死から一年で、新しいパートナーが出現したことがうれしかったのだ。


『別れの一本杉』は、高野公男が作詞、船村が作曲で、苦節を共にした二人の大ヒット曲である。しかし、高野はヒットの矢先の昭和31年9月に肺結核で亡くなっている（享年26）。晩年、船村が文化勲章を受章した際も高野の名前を出すほど、無二の親友であった。

現代では、SNSを通じ、友達の数の多さを誇示する者もいるが、生涯を通じてよき関係を築き、生涯を閉じた後でも、思いを馳せる友はどれだけいるのであろうか？ 思い出は、その瞬間を情熱的に生きた証拠でもあるのだ。彼は星野の名前も残したかったのだ。

友情は数でも長さでもない、熱量の共有だ

仕事を楽しめているか

堀場《ほりば》　雅夫《まさお》（堀場製作所会長）（68歳、平成4年4月）

堀場無線研究所（現・HORIBA）を創業。分析・計測事業を主とし、世界的企業に成長させた。
①父（京大教授）の教育、②学生でベンチャービジネス第一号、③社員と一緒に博士号に挑戦、③社是は「おもしろおかしく」など

私は、昭和46年に大阪証券取引所に上場する際、当時の高橋理事長から「社是《しゃぜ》は何ですか」と問われ、ポカンとしてしまった。そのとき初めて「社是」の必要性を知ったのだが、なんとか無事に上場。しかし、昭和49年に東京証券取引所で上場する際にも、同じことを質問され、「社是のない会社ってあるのですね」と二度まで感心されてしまった。これでは上場資格に汚点が残ると思い、私は社是を「おもしろおかしく」でいこうと役員会に持ち出した。これには役員全員からの猛反対に合った。軽率にみえる社是ではプライドが許さないと思ったのだろう。

そのときは引き下がったが、私は、一旦こうと思い込んだら執念深い。創立25周年で会長

を退く際、「記念品は要らんから、例のあれを社是にしてくれへんか」と強引に認めさせた。

この社是「おもしろおかしく」のエピソードはたいへん愉快なものだった。「おもしろおかしく」の社是のとおり、売上実績や予想にとらわれず、自由な発想で研究や開発に取り組んでいるからこそ、今日の会社発展に続いていると思われる。

また経営の第一線から身を引いた堀場は、ベンチャー企業の育成に注力した。平成16年に若手研究者が対象の「堀場雅夫賞」も創設した。

仕事自体に、面白いもつまらないもない。本人の気持ちが仕事に反映されるのだ。任された仕事は、楽しんだほうがはかどり、身に付くものである。

京大教授であった父のしつけは特別うるさかったと堀場は回想している。父が、京都へ帰る際、神戸の摂津《せっつ》本山《もとやま》駅のホームで、見送ったときのことだ。父が電車に乗ったので「さいなら」と引き返したら、翌日付の消印で手紙が届いた。「目上の人間を見送る際は、電車が見えなくなるまで立っていなければならない。お前の態度はなっていない」とあったという。

仕事も「おもしろおかしく」いきたいもの

経営・販売にかけては素晴らしい腕の持ち主だ

本田《ほんだ》　宗一郎《そういちろう》（本田技研工業社長）（56歳、昭和37年8月）

本田技研工業の創業者。アート商会で修行後、東海精機重工業の社長に転身し、経験を積む。昭和23年、本田技研工業設立。翌年、藤澤武夫が常務取締役として経営に参加した。①芸者を2階から投げる、②技術の本田社長、販売の藤澤専務、③不況の現場活用など

藤澤武夫は機械については素人だが、販売にかけては素晴らしい腕の持ち主だ。つまり私の持っていないものを持っていると確信した。私が常々感じているのは、自分の性格の違う人とも付き合えないようでは、社会人として失格ではないかと思う。また、会社を親族経営し、身勝手なことをする会社もあるが、人材は広く求めるべきで、親族に限っているようでは、その企業の成長は止まってしまう。我が社の次期社長は、能力があれば日本人に限らず、外国人でもよいと思っている。

私が27歳で結婚した時、自分で自動車を運転し、妻を迎えに行った。当時、車は珍しく妻の地元の人から「（妻は）運転手さんと一緒になるの？」と大変な尊敬をされるほどだった。

5月に浜松で行われる「たこ祭り」の日に、私は友人と二人で、料理屋の芸者相手に、大

酒を飲み、大騒ぎをした。芸者の物言いが気に入らず、「この生意気野郎」と料亭の2階から外へ、放り投げてしまった。その瞬間、我に返り、外を見ると芸者の体が、電線に引っかかっている。電線はショートして切れ、部屋の中もあたりも真っ暗になった。私の酔いもすっかり冷め、必死になって電線から芸者を降ろした。もし、真直《まっす》ぐ下の道路に落ちていれば、命はなかっただろう。その後、芸者は飲み屋の女将《おかみ》となる。私はこの女将に頭が上がらなかった。

才能を見抜き、任せることも経営の肝

本田はわんぱく坊主であり、学校での悪戯《いたずら》で校長や父親から、大目玉をくらったとか、また職場ではスパナを振り回して、従業員を叱咤激励した無鉄砲な経歴の持ち主でもあった。立場のある人ほど、仕事を他人に任せられない。しかし、本田の経営は部下の能力を見抜くことで、信頼し任せ、本人は技術部門に集中し偉大な実績を上げた。このことが大切だ。

本田と藤澤は「会社は個人の持ち物ではない」という考えをもっており、身内を入社させなかった。

人脈づくりの重要性

槇《まき》原《はら》　稔《みのる》（三菱商事相談役）（79歳、平成21年9月）

ハーバード大学卒。三菱商事に入社し、米国勤務を経て、取締役社長、会長、特別顧問を歴任。

①両親、②全国英語弁論大会で連続優勝、③ハーバード大学に入学、④ワシントン事務所長、⑤緒方貞子さん、⑥ＩＢＭの社外取締役など

私の商社マン生活で最大の転機は昭和46年、41歳の時に訪れた。社長からの指示で、ワシントンに事務所を作り、初代所長として就任したのだ。当時、ワシントンにいる日本人は外交官とメディアの特派員ぐらいで、日本企業の事務所はほとんどなかった。その後すぐに、ニクソン・ショックが起こり、ワシントンの動向の重要性は誰の目にも明らかになった。そこでワシントンの中心部にあたる、ウォーターゲートビルに事務所を開いた。

このオフィスの1階上には民主党の全国委員会本部があった。昭和47年6月、賊が忍び込んだ事件が、ニクソン大統領辞任の「ウォーターゲート事件」に発展。当時、このことを予測した人はいなかったであろう。ワシントン事務所長の任務の一つは、こうした米国の動向

をいち早くキャッチする事。そのためには政界や官界の人脈作りが重要になる。ニクソン政権を追いつめたワシントンポスト紙のキャサリン・グラハムは、新聞社の社主とは思えないエレガントな女性だった。キャサリンの執務室には立派なキッチンがあり、昼食をよくご馳走になった。ここは社交が仕事であり、仕事が社交である街だった。水産物ビジネスに明け暮れたそれまでの商社マン生活とは全く異質な世界が、ワシントンには広がっていた。

誠実にまさる武器はない

槇原は、三菱商事ではおとなしい学者肌とみられていた。しかし、内面に秘める思いは強かった。高校時代に毎日新聞社主催の全国英語弁論大会「マッカーサー杯」で、2年連続優勝。米の留学先の高校でも、弁論大会に出場し、「人間は生まれながら平等だが、すべての人間が同じということではない」と力説し、敵国と身構える学生達の心をつかんだ。

槇原は口先だけで人生を歩んでいたわけでない。現代のように多くの日本人や企業が渡米していない時代に、言語や文化や言語が異なる国へ飛び込んだ。槇原は持ち前の誠実さから、周りの信頼を得ていった。熱意と態度は伝わるのだ。

経営を自然の摂理から考える

松下《まつした》　幸之助《こうのすけ》（松下電器社長・相談役）（1回目61歳、昭和31年8月、2回目81歳昭和51年1月）

松下電器（現・パナソニック）の創業者。「私の履歴書」に唯一、2回登場。
①水道哲学、②経営力の価値、③企業の生きた研究開発、④関西で一日国会、⑤国際万博で5千年後に開くタイム・カプセルを展示、⑥経営の哲学など

私は昭和38年、ニューヨークで開かれた国際経営科学委員会（略称ＣＩＯＳ）に招かれた。その際に「私の経営哲学」と題し、世界の経済人に対して講演を行う機会があった。私が、『タイム』誌で紹介をされていたこともあってか、会場には多くの人が集まってくれた。まず、経営に関して「ケネディ大統領が行うアメリカ国家の経営も、町の小さなドラッグストアの経営も、どちらも同じ経営である」という話から始めた。国の経営の意図するところは、その国の発展・繁栄であり、また国民の幸せである。一方、ドラッグストアの経営は、顧客のために細心の注意を払い、完全なサービスを行うことだ。

どちらも本質的には同じだが、どうすれば国民を幸せにし、どうすれば顧客に対して適切なサービスが行えるかが難しいのである。

ここで、非常に重要なことは経営者自身の問題である。すなわち、それぞれの経営体にふさわしい適切な経営者が要求されてくるのである。そしてその経営者に、最も大切なことは、正しい自己評価が求められているということだ。

経営者の厳しい自己評価と合わせて、その経営理念がどこに置かれているかということを考える。その理念が、単なる利害や、単なる拡張だけで終わってはいけない。理念に対し、何が正しいかという人生観に立ち、かつ社会観、国家観、世界観、さらには自然の摂理から考え始めなければならないのだ。

常に自己評価を行い、自分を律し、自然と調和する

松下は、経営者の哲学と経営理念の大切さを指摘している。自然の摂理に合わせて自己を律し、自己の人生観、人間観、世界観を持った経営理念の大切さは今も変わらない。

それは自然や政治環境の変化を踏まえ、経営のグローバル化、民族や社会との共生を念頭に入れること。経営者として「ものの見方、考え方」がいかに大切かを教えてくれる。

「国鉄」最後の日

松田《まつだ》　昌士《まさたけ》（JR東日本相談役）（72歳、平成20年11月）

井手正敬《いでまさたか》氏、葛西敬之《かさいよしゆき》氏とともに「国鉄改革3人組」と呼ばれ、国鉄の分割・民営化の立役者の一人。
①国鉄面接試験、②国鉄の本社審議室に、③鉄道病院改革、④改革3人組の隠密《おんみつ》行動、⑤北海道に左遷、⑥国鉄最後の日など

31万人の従業員を約10万人削減し、21・5万人に縮小した再出発の日。国鉄最後の日が150年に及ぶ歳月とともに別れを告げ、日付が変わった午前零時。丸の内の本社からでも汐留《しおどめ》から鳴り響く汽笛が聞こえてきた。全国の鉄道管理局から報告が上がり、十数項目の移行準備手続きが完了したことを確認すると、ようやく安堵《あんど》の息を吐いた。この頃になって、ようやく50人程度の職員と共に、経営計画室の部屋でささやかな夕食会を開いた。時計の針が午前三時を指しても、部屋のそこかしこでは歓喜、感涙の声が絶えなかった。

だが、我々に残された時間は多くはない。あと一時間もすれば新生・JR東日本が誕生す

る。緑色のコーポレートカラーに染められた始発列車が、静かにその時（昭和62年4月1日）を待っていた。

この日を迎えるために「国鉄改革3人組」と呼ばれた松田、井手正敬（JR西日本元社長）、葛西敬之（JR東海名誉会長）は隠密行動で民営化への改革を進めていた。同士を増やしていく中、反対派に察知され、3人とも違う管区に左遷となっている。

松田の社長在任期間は7年。三羽ガラスの井手、葛西両氏が「労務屋」と言われ、労組対策などを得意としていたのに比べ、松田は企画畑が長く、労務問題は経験不足で苦労をした。

松田はJR東日本の常務取締役に内定していたが、本心では、経営の厳しいJR北海道を希望していた。それは、左遷など冷遇にも屈せず、信念を貫いた硬骨の人物だったからだ。

国鉄最終日の昭和62年3月31日には、テレビ各局で、国鉄の特集番組が放送された。東京駅は、鈴なりの鉄道ファンで埋め尽くされる。民営化（JR）への期待と、国鉄への想いや郷愁が入り交じる、鉄道ファンや利用者にも特別な1日となった。

変わるために大事なのは、決断と行動力

大隈重信、雄弁の秘訣

松村《まつむら》謙三《けんぞう》（前文部大臣）（73歳、昭和31年4月）

早稲田大学政治経済学科卒業後、報知新聞社入社。戦前は衆議院議員として立憲民政党に所属。戦後も衆議院で改進党から自由民主党に所属した。厚生大臣、農林大臣、文部大臣を歴任。

①大隈重信侯（弁論、他者との比較）、②大隈重信侯の奥様の存在、③浜口雄幸《おさち》総裁など

当時有名な雄弁家がいたが、永井柳太郎、中野正剛《せいごう》、斎藤隆夫の3人と大隈重信の雄弁を比較してみると大きな差がある。

永井は、前もって原稿を推敲《すいこう》に推敲を重ねて磨き上げる。私は、永井と同行して東北地方を回ったことがあるが、彼は東京で原稿を作り、福島で試験的な演説を行う。受けるかどうかを見極めるのだ。そして修正をした原稿を仙台で試し、自信を得ると、盛岡、青森と一字一句違《たが》わずに演説を行う。だから永井の演説は大衆を沸かすけれど、一度聞けば同じだ。

中野正剛もやはり原稿を作り込んで行うので、即席で行う演説はあまり得意ではなかったようだ。斎藤隆夫も後世に残るような有名な演説を原稿を見ずに行ったが、事前に原稿を用

意し、前の晩に暗記していたのだ。

一緒に旅した時の、大隈の演説には驚いた。突然、名古屋の医者の会に呼ばれた時も、原稿なしで始める。その場で明治維新以来の医療制度の変遷について、よくわかるように説き聞かせた。また、京都では比叡山に登り、全山の僧侶を集めて、法然上人の一代記を語って聞かせたりした。原稿はなかったが、大隈は聴く人に合わせた当意即妙《とういそくみょう》の講演だった。


永井、中野、斎藤の演説と大隈の演説の違いは準備の有無だ。一般的には、時間を掛けて準備をし、推敲した原稿を読むことが登壇者の緊張を和らげ、心を打つ演説ができるだろう。しかし大隈は、呼ばれた場所で要請されたテーマに沿った当意即妙の講演を行うことができた。そこが他の3人とは違う。

では、大隈が何も用意をしていなかったのかというと、必ずしもそうとは限らない。落語家の演目のように数をこなすことによってストックがあったのだろう。その内容の幅には驚かされる。常に興味を持ち、いろいろな情報を得ることが心を打つ演説に繋がるのだ。

興味と情報収集力が、とっさの判断に繋がる

両親の育児日記

九代目　松本《まつもと》　幸四郎《こうしろう》（歌舞伎俳優）（69歳、平成23年12月）

二代目松本白鸚《はくおう》。歌舞伎の世界にとどまらず、国内外の現代劇やミュージカルをはじめ、テレビドラマでも活躍している。
①母・正子の祖父への約束、②両親の育児日記、③ラ・マンチャの男の思い出など

初代吉右衛門の一人娘が、母の正子である。少女のころから将来は、父（八代目松本幸四郎・初代松本白鸚）のお嫁さんになると心に決めていた。しかし、播磨屋《はりまや》（吉右衛門）の祖父は跡継ぎがなくなると首を縦に振らなかった。母は「男の子を二人産みます。そして下の子を播磨屋の養子にします。これで許してください」と言った。その約束は実際に果たした。そうして生まれた両親の育児日記には次のように書かれていた。

父の日記：僕は君の生まれる日、築地の家で昼食をすませたところに、病院から「男の子ですよ」とただ一言の報だ、早速、神様へ全部燈火《とうか》をあげた。二階の机の前に僕の生母の写真を出した。ぽろぽろ涙が出た（若い父はこんな感傷的なところもあった）。病院へ行くまで母と君の健全なことのみであった。着いて母子の顔を見てほっとして君の母に「ありがと

う」と言ったよ。

母の日記：看護婦さんに、大きな赤ちゃんですヨと言われた時、今までのつらく死ぬ程の苦しみがいっぺんに飛んでしまいました。しばらくしてあなたは真っ赤な顔をしてお母様の横におねんねしたのヨ。お父様がいらっしゃった時、そばに人が居なかったら弱虫の母様は泣いてしまったでせう。母様は幸せ者ヨ。世界中の幸福者ヨ。またあなたも幸せネ。コンナいい父様を持って。

両親の思いを知る喜び

松本幸四郎の母・正子は歌舞伎役者として舞台に立てるほど、必要な教育を受けていた。踊り、三味線、唄、浄瑠璃などの習い事や、俳句に弓まで習った。歌舞伎の芸を熟知している正子は、松本が初役を勤める時、手取り足取り教えたという。母の愛情と覚悟を感じる。出産時の喜びも目に浮かぶようだ。母は苦しみがいっぺんに飛んだとあるが、読んだ松本も両親に深い感謝と慈愛を感じ、同じ気持ちになっただろう。

エベレストをスキーで滑ってやる

三浦《みうら》　雄一郎《ゆういちろう》（プロスキーヤー）（74歳、平成18年9月）

プロスキーヤー、登山家。昭和60年、世界7大陸最高峰のスキー滑降を完全達成。エベレストの初登頂は70歳、2度目は75歳の時、3度目は平成25年に80歳で成功している。①父三浦敬三、②夢はでっかく、③富士山滑降、④エベレスト滑降は決死など

昭和45年3月5日、隊員33人、シェルパ40人と、800人のポーターの大キャラバン隊が行軍開始。エベレストのベースキャンプ（5400m）まで同月28日に到着した。サウスコル（ベースキャンプ）からさらに登って、8000m。雪は風が吹けば今にも崩れ落ちてきそうだ。一枚氷の壁が崩れることはないか、念入りな点検を行った。

5月6日午後1時7分。「よし、この風だ」と、スタートを切るが、すぐにこの滑降は生きて帰れないと感じた。氷の壁は波を打って荒れ、落石が雪に食い込んでいる。6秒過ぎると180㎞を超えて、200㎞へ入る。その前にパラシュートを開くと、パラシュートが不規則によじれ体を引き込み、転倒した。右足のスキーが吹っ飛んだ。スタート前、あれにぶつかったらまずいと思っていた直径20mくらいの大きな岩がグングン近づいてくる。次の瞬

間、岩山で大きく跳ねて斜面に衝突し、時間が止まった。左のスキーが胸の横に入り、うつぶせに張り付いた。

生きている。夢なのか。それを確かめようと腕で雪を叩き、頭を氷にぶつけた。クレバスまであとわずかだ。ずり落ちぬように足場を固めようとしたらズルズルと再び滑り始めた。回収班が駆け付けてロープを張り、靴にアイゼンを付けてそこから脱出した。決死の2分20秒の戦いから奇跡的に生還し、喜ぶ仲間に囲まれると思わず涙が湧き出てきた。37歳だった。

夢(目標)があるから元気になれる

平成25年5月に三浦氏は80歳でエベレスト登頂に成功している。その時に「元気だから80歳でエベレストに登るのではない」と言った。それは、夢を夢で終わらせず、実行できるものとして、計画的に行動していることなのだ。三浦のトレーニングは「ヘビーウォーキング」と称して、体に重りをつけて歩くことだ。三浦は、コツコツ続けること、無理をしないことが大切であると言っている。目標をもって続けることに成功の秘訣があるようだ。

突然の「待った」の理由

宮内《みやうち》　義彦《よしひこ》（オリックス会長）（78歳、平成25年9月）

オリエント・リース株式会社（現・オリックス）入社。代表取締役会長・グループCEO、シニア・チェアマンを歴任。
①リース業から総合金融会社に、②規制改革会議の苦悩、③2割司法への期待など

平成20年12月、日本郵政は年間数十億円の赤字決算だった。そして、「かんぽの宿」の一括譲渡先にオリックス不動産を選んだのである。

しかし、この発表が年末にされてから、年明けすぐに、所管する総務大臣より待ったがかかったのだ。その理由の一つは不可解極まりないものだった。「規制改革会議の議長だった宮内氏は、郵政民営化を主導した。国民ができレースと受け取る可能性がある」と言うのだ。

到底納得できる内容ではないが、メディアはオリックスを悪者に仕立てた報道を流した。もともと、かんぽの宿は不動産だけの売買ではなく、宿泊事業全体の譲渡である。しかも厳正な入札の結果だ。落札価格は約109億円。宿泊事業を継続するには、施設改修に250億円の追加経費がかかる。600人を超える正社員も引き継ぐ契約だ。黒字転換は簡単では

ない。むしろ高値づかみしたのではないかとさえ思っていた。結局、この契約は解約となり、実行されなかった。かんぽの宿はその後も毎年大きな赤字を出し続け、国の負担となった。最近、再び売却の話が出ているが、あの騒ぎは何だったのだろう。

規制に守られた業界や、業界を支持する国会議員の攻撃を受け、この会議の座長は度々体調を崩し、退任することがある。航空なら運輸省OB、酒類なら大蔵省OB、農産物なら農林水産省OBという具合に、既存規制の必要性を長々と述べて反対する。規制改革をやろうとするなら、志と決裁権限を兼ね備えなければ無理だ。それは、学者でも行政官でもなく、政治家にしか改革を成し遂げることはできない。

その後、かんぽの宿は諸般の事情により、売却を再検討。一括ではなく、複数の運営者に事業を譲渡しているが、そこにオリックスの名前はない。政治の世界の難しい局面を覗き見た。

国の会議での発言は、国民全体の目線でありたいもの

他人事にせず、個人が関心を持つことで、よりよい政治が行われるのだ。

掴まれた脚の感覚を忘れない

宮城《みやぎ》 まり子《こ》（ねむの木学園園長）（80歳、平成19年3月）

歌手や女優で活躍。『ガード下の靴みがき』が大ヒットしたのち、昭和43年、「ねむの木学園」を設立。

①私のおけいこ、②絵は感じたまま・母の教え、③ガード下の靴みがき、④役者失格でも、後悔はない、⑤吉行淳之介氏との3つの約束、⑥松下幸之助氏の支援など

私は、ミュージカルで脳性マヒの少女を演じることになった。それは病気のために思い通りに手足が動かず、勝手に動いてしまう少女だ。上手にやればやるほど芝居全体が面白くなる、そんな役だった。私は、この少女のダンスの振り付けが面白ければ面白いほど、「お客様の中に一人でも病気を持つ子が居たらどうしよう」とお客様のことが気になった。

それからの稽古では体が全く動かなくなった。体の問題ではなく、精神的に動かないのだ。演出の菊田一夫先生に言った。「私、この歌どうしても歌えません。アテトーゼの演技はできません」「お前、役者だろう」「役者です」「役者ならやりなさい」「できません」。

菊田先生は東宝の重役で、脚本家、演出家だった。その立場を考えればとても言えること

ではなかった。舞台が開き、私はミュージカルのアテトーゼのない健康な子でやることに決め、歌い、踊り、演技をした。

ミュージカルで私の評価は良くなく、拍手も少なかったので、役者としては悔しい思いをした。終演後、お客様のそばに挨拶に行った際、私は脚を摑《つか》まれた。見ると15歳くらいの女の子が父親に抱かれて、口を大きく開けて「まーりーこさん」と満面に笑みを浮かべ呼んでいた。この子はアテトーゼの子だった。父親と母親は涙を浮かべ必死で抱きしめていた。

ミュージカルとしては、観客の反応通り、期待に沿うものではなかったのであろう。その期待を考えると宮城の体が動かなくなる気持ちや、芸能界の活動に疑問を持つことも理解ができる。この経験から宮城は肢体不自由児施設の「ねむの木学園」を創設する。

昭和49年、宮城が製作・監督した記録映画『ねむの木の詩』は第6回国際赤十字映画祭で銀メダル賞を受賞した。宮城は令和2年に93歳の生涯を終えているが、現在もねむの木学園は、しっかりと根を張り育ち続けている。

信念を持てる仕事をする

闇雲に食べているわけでないダボハゼ経営

宮崎《みやざき》 輝《かがやき》（旭化成工業社長）（74歳、昭和58年12月）

旭化成「中興の祖」と呼ばれた。経営方針は「ダボハゼ経営」「いもづる式経営」と呼ばれ、繊維、アクリル樹脂や、石油化学へ進出し、医療、住宅など積極的に多角化へ乗り出した。

①旭ダウの誕生、②石油コンビナートに進出、③ダボハゼ経営の弁明、④散歩は公私共に有益など

一部では、旭化成のことを「ダボハゼ経営」と呼んでいる。恐らく、旭化成の事業展開が、ダボハゼみたいに何でも食いついているように見えるから、そんな呼び方なのだろう。

確かに旭化成は、多種多様な製品を製造している。合成繊維は勿論《もちろん》のこと、合成樹脂、合成ゴム、食品、薬品、医療機器、あるいは住宅・建材など、衣食住にかかわる分野はほとんど進出している。社外から見れば、なぜ繊維屋がハンバーグや抗がん剤、人工腎臓など、異質の製品を作っているのか、不思議に思えるかも知れない。

しかし、これは住宅・建材を除けば、すべて一本の線で繋がっている。決して無作為なわ

けではない。旭化成は、もともとアンモニア合成事業の有効利用を図るため、日本窒素《ちっそ》肥料の子会社として設立した。よって、基幹となる技術はアンモニア関連が中心なのだ。

その技術の積み重ねが今日の旭化成をもたらした、と言えるだろう。「ダボハゼ経営」でないことがおわかりいただけるものと思う。

宮崎は、趣味は散歩と公言している。ゴルフの誘いは朝も早く、エチケットやそれに同行したメンバーにも気を遣う必要があるので敬遠していた。

本社にいる時は、35年間、大雨の時以外の毎日、車を降り80分ほどかけて帰宅し、出張時にはシューズを持参するほどの熱の入れようだった。歩くことは脳にとてもよいと言われている。歩くことで考えがまとまることを実感していたのだろう。休日には3時間ほど歩いていたと「履歴書」にある。これは変わる街並みを見て歩きながら、事業のヒントを得ていたのかもしれない。だからこそ、一つの事業ではなく多角経営に繋がっていったのだろう。

宮崎にとって、散歩は経営のヒントの宝庫だったということだ。

多角化の多くは一本の線で繋がっている

私は与えられた「使命」だと考えたのである

村山《むらやま》 富市《とみいち》（社会民主党党首）（72歳、平成8年6月）

昭和47年、衆議院議員（当選8回）。羽田政権で連立を離脱し、平成6年、第81代内閣総理大臣に就任。自社さ連立政権を組織。その後、日本社会党を解党させるとともに、新たに社会民主党を結成した。

①政治指導者としての労働運動、②政治活動の原点、③党政策転換の苦悩など

歴史は非情である。世の中が変わると、今まで大切にしてきたことを捨てなければならない。とてもつらいことだが、政治家は決断しなければいけない。

社会党の政策転換に関しては、いろいろな人から意見を聞きながら何日も眠れない夜を過ごし、最終的に私が一人で決断した。所信表明演説の前の晩は「これでよいのか」と演説草稿に何度も目を通し、真っ赤になるほど筆をいれた。

平成6年7月18日の国会での所信表明演説と、それに続く質疑応答で、日米安保条約の堅持、自衛隊の合憲、日の丸・君が代の容認など、従来の社会党の主張を大きく転換する見解を表明した。

首相は、三自衛隊の長であり、自衛隊を違憲とするなら当然首相を辞職しなければならない。政権を担う重みからでた決断だったが、別な理由もあった。

冷戦の終焉によるソ連・東欧の崩壊、連立政権時代の到来など、内外の情勢変化を踏まえ、社会党は自ら政策を転換し、自己変革を図る必要があった。私が首相になった今が、その良い機会である。これを私は与えられた「使命」だと考えたのである。

リーダーとは孤独で、決断をしなければならないものだ

リーダーは孤独である。周りに目を向け、意見を聞くことは大事であるが、皆の意見を聞いていては、辻褄が合わなくなってしまうこともある。何かを得るには、何かを捨てなくてはならない。一つの意見に対し、異なる顔が思い浮かぶことも多々あるだろう。心情にほだされることもあるだろう。

しかし、客観的に且つ冷静に、その組織に対して、現時点で最良の方針を打ち出したい。このことが、リーダーとして求められているのだ。そして、反省すべき点は、反省し、改善をすることが、リーダーには求められている。

映画はデザイナー学校

森《もり》　英恵《はなえ》（ファッションデザイナー）（68歳、平成6年4月）

戦後のファッション界の先駆けとして、世界的に活躍をした。
①映画はデザイナー学校である、②ニューヨークでデビューする、③デザイナーと女優との関係、④トップマヌカンの条件とは、⑤「お嫁さん」モデルを誰に決めるかなど

俳優たちを、衣装で表現することは、簡単なことではない。配役の数だけ苦労はあったが、その分、やりがいのある仕事だった。当時の大御所監督や俳優から、後に頭角《とうかく》を現す若手まで、多くの仕事で刺激を受け、吸収した。日々学びを得る事は、まるで「映画はデザイナーの学校」だと感じた。

また、トップのファッションモデルは、容姿が整っているだけではなく、仕上がったばかりの服を、その時代の雰囲気を捉えて、着こなしてくれる感度と、表現力が重要である。一流のモデルたちは姿勢もよく、自然な体の動きで薄地の絹のスカートを揺らし、優雅な身のこなしで、服を見せることができる。何気ない動きの中で、服を見せるのだ。

私は公私に関わらず、交友関係を大切にしてきた。オードリー・ヘプバーンの映画で有名

になったジバンシーが、私のために、自宅でディナーを催してくれた。彼の美学が詰まった、暮らしぶりに驚いた。その夜のホステスは、ヘプバーン。彼女はまるで自宅にいるような自然なふるまいで、もてなしてくれた。お化粧は薄く、黒いバギーパンツに白い絹のブラウスを着て、靴はフラットシューズ。その話しぶりはとても知的だった。優しいナチュナルな笑顔が今でも忘れられない。

学ぶことに、年齢は関係ない

仕事でキャリアを積むと、同じ仕事の繰り返しのように感じ、惰性や周囲との調和で、緩《かん》慢《まん》な仕事になることは、よくある。

森は、常に多方向にアンテナを張ることで、自身のキャリアや、年齢に捉われず、生涯現役でキャリアを積み上げた。それは、才能を高めることで、人を引き寄せ、その輪を広げることになった。私達も年齢に関係なく、仕事でも趣味でも、多くのことに関心を示し、研鑽《けんさん》を積みたい。そのことが、自身の人生も豊かにするのだ。

ワキが良くなければ、いい芝居にならないんだよ

森《もり》　光子《みつこ》（女優）（87歳、平成19年12月）

昭和36年、『放浪記』で主役の林芙美子《ふみこ》役に抜擢される。テレビでは『時間ですよ』などの母親役を好演。平成21年5月9日の誕生日に帝国劇場『放浪記』２０００回達成。同年国民栄誉賞受賞。

①菊田一夫先生、②恩人と思う３人の母、③杉村春子師、④林芙美子役など

菊田一夫先生から言われたことがある。「君は面白いが、やっぱりワキ（脇役）だな」「越《こし》路吹雪《じふぶき》のようにグラマーでもないし、宮城まり子の個性もない。でもワキがよくなければ、いい芝居にならないんだよ」と。昭和35年に開幕した『がしんたれ』は先生の自伝だった。幼くして養子に出された菊田は関西で丁稚奉公《でっちぼうこう》しながら夜間学校に通い、上京して印刷工になる。詩人を志し、サトウハチローや林芙美子たちと出会った。私はその芙美子役を演じた。詩人仲間が集まる店に芙美子が一升瓶を携《たずさ》えてくると、皆明るく迎える。飲み直すかと出かけて行くときは芙美子を誘わない。未成年という理由で菊田と芙美子二人が残され、ご飯をぼそぼそと食べる。

「彼女は好かれていなかったんだ」と先生は言った。林芙美子の性格の悪さまでも、すべて肯定する思いで書かれた先生の脚本。胸を突き動かされるような会話が見事だった。

翌年の昭和36年10月、先生は『放浪記』の芙美子役をくださった。デビューして30年、初めての主役の時、私は41歳になっていた。

主役は、周りに支えられて光るもの

森は「芙美子は男に捨てられても、失敗しても後悔しなかった。私も後悔しない。私は『放浪記』と共に歩み続ける」と生涯を通じて演じてきた。長年の脇役を経験し、41歳で掴み取った主役はよほどの思い入れがあったのだろう。森は生涯を通じて、この役を手放すことはなかった。苦汁をなめた期間があったからこそ、表現の幅が広かったとも言える。

決して、独りよがりになっていたわけではなかった。『放浪記』を観客と一緒に作る舞台だと考えていた。だからこそ、観客の喝采《かっさい》を受け、森も喜びを得ることができた。なにも観客だけではない。芸能リポーターが言う、「取材が終わると、弁当が出るんですよ」と。多くの人に支えられて自分があることを知っている人であったと言える。

不本意な出向にも前向きで

安居《やすい》　祥策《しょうさく》（日本政策金融公庫総裁）（74歳、平成21年10月）

帝人《ていじん》の社長、会長、相談役を務める。他の金融部門の合併により日本政策金融公庫総裁となる。①テトロン製ホンコンシャツの販売、②事業再構築で50社を整理、③木屋晋三社長は反面教師、④不本意な出向（いつも前向きで）など

私は転勤や出向の連続で、子会社への出向は通算20年、そのうちの10年は海外勤務だった。最後の勤務地だと思っていたインドネシアが好きになり、定年までいたいと願っていた。出世競争も同期から遅れていた50代後半、そろそろ第二の人生を考えていた。その時、本社に呼び戻され、同期から6年も遅れて57歳の取締役となった。社長になったのはその5年後の62歳だった。その後、舌ガンを患い社長を退任することになった。思えば、私からやりたいと言って就いた仕事は無い。普通の人間だから、不本意な人事に、会社を辞めようかと迷ったこともある。

ただいかなる時にも腐らなかった。どちらかと言えば前を向き、少しだけだが未来を夢見

て生きてきたように思う。自分なりに納得のいく結果を出せたら、それでよい。少なくとも自分をごまかさずに生きてきたつもりである。

本当はこうすべきだと思いながら、目先の利益や上司の意向などを気にかけて自分を偽《いつわ》れば、必ず悔いが残る。他人はごまかせても、自分はごまかせない。

自分を偽れば、必ず悔いが残る

私は、安居への同情と同感で涙が止まらなかった。

「私の履歴書」に登場する、会社の傍流《ぼうりゅう》を歩んだ人の多くは、腐らず与えられた職場で懸命に働き、自分の職務を果たしている。その強い信条に心を打たれるのだ。

悔いを残さない生き方とは、自分をごまかさない生き方をすることだと安居は言う。なかなか言えることではない。多くの人は、多勢の意見に同意し、集団の中で自分を殺すこともあるだろう。ただ、目先の感情に捉われていれば、悔いを残す人生となってしまう。

理想と現実にギャップがあっても心に秘めて、少しだけだが未来を夢見るだけでも、人生は変わるのだ。

喋るのが好き

五代目　柳家《やなぎや》小《こ》さん（落語家）（69歳、昭和59年2月）

落語家、剣道家。昭和30年、落語家として初の人間国宝に認定された。剣道の段位は七段。

①子供時代から喋るのが好き、②二・二六事件のさ中に一席、③真打昇進に試験制度をとり入れ、④立川談志《だんし》を破門など

昭和11年、大日本帝国陸軍歩兵第三連隊に徴兵され、二等兵となる。同年2月26日に起こった二・二六事件では、反乱部隊の機関銃兵として警視庁占拠に出動した。私や同僚兵士は、クーデター計画をまったく知らされていなかった。当日出動命令を受けて、支給された弾薬が実弾だったことから「あれ、今日は、演習じゃねえんだな」と思った。私らは、反乱部隊の屯所で待機していた時に、やっと自分たちが反乱軍に参加していると知った。腹もすいて、みんな黙りこくっている。意気阻喪《いきそそう》気味の兵士を見た指揮官から、「士気高揚に一席やれ」と命令された。持ちネタの『子ほめ』を演じる。悄然《しょうせん》としている兵士たちに「ええ、お笑いを一席」と言っても、笑うわけがないのであった。

立川談志を破門した理由は、談志は内弟子ではなく通いだった。冬にマスクに手袋、襟巻《えりまき》姿で、ポケットに手を突っ込んだままの談志が、私の家に入って来た。そのまま片手にほうきを持ち、掃除を始めたので、私の妻から「バカ野郎」と怒鳴《どな》られると、「おれは掃除に来たわけじゃない。噺家《はなしか》だから噺の稽古をしてもらいたい」と口答えしたからだ。

五代目柳家小さんは大御所でありながらも、性格は非常に大人しく、情にもろかった。真打昇進の制度を作ったのも「落語家の生活がよくなるように」という願いからであった。師匠になってからも、周囲の意見をよく聞いたので、周囲からの人望も厚かった。

談志は落語協会をやめて、落語の家元になると言うので、小さんは「何でも勝手にやれ」と答えた。談志が「師弟の縁だけは残してくれ」と言うので、「それはいいだろう」と返答。

小さんは、その後の談志に対し、「喋ることが的外《まとはず》れだし、考え方がおかしいので破門にした。政治家になったり、家元になるとか、どっちにしても話題の多いヤツだった」と回想している。談志は『笑点』を企画し、成功した。師匠からの破門に発奮《はっぷん》したのだろう。

置かれた立場が、人を作る

情報力は大切

八尋《やひろ》 俊邦《としくに》（三井物産会長）（74歳、平成元年12月）

三井物産社長や会長を歴任。商社出身者として初めて経団連の副会長を務めた。
①三井物産の情報力、②ベトナムで狩猟マニアになる、③IJPC（イラン・ジャパン石油化学）解決に取り組む、④稲山嘉寛さんと市川猿之助さんとの思い出、⑤平社員に降格など

昭和16年当時、三井物産は群を抜いて大きく三菱商事の3倍以上の規模があった。私はようやく商社マンとしてなじんできたころだった。物産の情報力には戦前から定評があった。海外の大使、公使館より早く情報を入手することもしばしばだった。

日露戦争の際、バルト海を出港したロシアのバルチック艦隊が、欧州回りで極東のウラジオストクに向かった。この時の物産海外支店の活躍は語り草になっている。

シンガポール支店はマラッカ海峡を経由し、南シナ海を北上する艦隊発見のニュースを本店に打電。続いてベトナム南部のカムラン湾に結集し、石炭の補給を受けていると、サイゴン（現・ホーチミン）出張員が報告した。さらに上海《シャンハイ》では、山本条太郎支店長が、自らヨッ

トに乗り込み、沖合を北上中の艦隊を確認。艦隊の石炭補給を阻止すべく、港にある艀《はしけ》のすべてを借り上げた。遠い海外で、祖国愛に燃え、奔走する商社マンの意気が感じられた。

昭和16年当時の三井物産の情報力は日本の大切な情報源として重要視されていた。日本を離れ、孤軍奮闘しながら、情報を伝える様は、社員の熱い魂を感じる。たとえ、小さい組織で離れていても、集結すれば大きな力となる。組織の団結は、数や距離ではない。

情報は今も昔も大事な判断材料だ。

生ゴムの取引で利益を得て、課長昇進目前だった八尋は、調子に乗り買い付けた生ゴムの情報を見誤り、半値にまで大暴落してしまう。これによって会社に大きな損害が生じた。その後も挽回を目論《もくろ》むが、損が膨らむばかり、心労で血尿が出るほどだった。

そして平社員に降格。新人並みの仕事しか任せてもらえなくなってしまった。しかし、チャンスは必ず来ると日々努力を続けた。その2年後、努力が実を結び、石油課長のちに社長として大活躍をすることになった。

組織の団結は、数や距離ではない

日本映画界の金字塔

山田《やまだ》　洋次《ようじ》（映画監督）（65歳、平成8年10月）

映画監督、脚本家、演出家。渥美清《あつみきよし》主演の『男はつらいよ』シリーズは、「一人の俳優が演じたもっとも長い映画シリーズ」としてギネスブックに認定、代表作となっている。①渥美清さんとの別れ、②リリー・浅丘ルリ子さん、③脚本家修業、④教師と監督の共通点など

平成8年8月6日、私は松竹の奥山融副社長との打ち合わせを終え、夜遅く帰宅すると、渥美正子夫人からの電話伝言を聞いた。「渥美は4日に亡くなりました。遺言通り家族だけで見送りました」と。それから、正子夫人の言葉にどう答えたのか、よく覚えていない。

8月13日、渥美さんのお別れ会が開かれた。『男はつらいよ』48作すべてを撮影した松竹大船撮影所で、美術監督の指導のもと、大道具や小道具担当が祭壇を作った。松竹の社員やスタッフは、猛暑の中、全国から集まった3万5000人のファンや弔問客の応対に追われた。マスコミが連日繰り返す渥美さんを悼《いた》む報道を見て、世間の反響の大きさに驚いた。

第48作『寅次郎紅の花』でリリー（浅丘ルリ子）に4度目の登場をさせようと考えた時、

最後になるかもしれないという予感があった。第25作『寅次郎ハイビスカスの花』以来、15年ぶりの再会。浅丘さんは、あまり元気のない渥美さんと挨拶を交わした後、楽屋に戻り、しばらく声をあげて泣いたそうだ。奄美大島のロケ先で地元の人が開いてくれる歓迎パーティの席でも、浅丘さんは渥美さんの代わりに一生懸命、気遣いを見せていた。繊細で優しい人だ。もう一度、あと一作だけでもいい。私は寅さんとリリーの恋物語を作りたかった。

寅さんはいつまでも心に残る人だ

山田は満鉄のエンジニアだった父親の勤務のため、2歳で満州に渡り、一旦日本に戻るが再び満州に渡って少年期を過ごし、通算14年間もの中国生活を経験している。そして戦後の日本社会を広く深く見つめた。昭和20年、山田は13歳の時、終戦を満州の大連《だいれん》で迎え、財産のほとんどを失った家族と命がけで引き揚げた。大切な落語全集上下2巻を持ち帰ることも許されないほどだった。苦労が多かった人生だったから、山田の人を見る目は温かい。今の時代からすれば、一見ぶっきらぼうに見える作中の人物像でも、根底に人に対する優しさがにじみ出ている。山田は寅次郎と同様に、とても感受性が鋭い人だと感じた。

米軍基地の存在

屋良《やら》　朝苗《ちょうびょう》（琉球政府公選行政主席）（68歳、昭和45年12月）

政治家、教育者。昭和43年、米国統治下で公選主席に就任。沖縄返還後初の沖縄県知事として就任。
①師弟同行の教育、②廃墟の沖縄、③米軍基地の存在、④土地闘争は軍用犬で鎮圧されたなど

昭和20年4月1日、沖縄本島西岸に上陸した米軍は、6月23日まで「鉄の暴風」と言われた凄絶な攻撃を続けた。結果、日本兵約11万人、米兵約1・2万人の死者を出し、沖縄県民50万人の30％に当たる約15万人の犠牲者を出した。当時、師範女子部に在学していた娘は、あのひめゆり部隊に看護要員として動員され、犠牲となった。

私は、昭和21年12月末に、台湾から廃墟の沖縄に戻って来た。親族や友人の消息を訊ねると、多くの人が戦死したと言う。

しかし、人々は夜になると酒を飲み、歌三味線で舞興じている場面がよく見られた。その様子は戦争での肉親縁者を失い、涙に暮れている人の生活とは思えず、人の心も荒《すさ》んでいた。

こんな非常事態こそ、教育者は決意を新たに立ち上がらねばならないと、説いて回った。終戦後、沖縄に設置された米軍基地は、子供たちに大きな影響を与えた。社会の不健全さは少年の不良化に拍車をかけ、米兵による犯罪や交通事故の被害者も続出した。昭和28年12月、教職員会は「子どもを守る会」を結成し、私が会長となった。昭和30年9月、石川市（現・うるま市）で6歳の少女が米兵に拉致《らち》され暴行殺害される事件が起こった。私は、すべて大人の共同責任で子供を守る心構えと態勢が必要であると思い、琉球政府や米軍へ強く働きかける活動を続けた。

平和を願い、受け継いでいく

酒や歌に興じることをたしなめる記述があるが、深い悲しみを忘れるための宴だったのだろう。その後、沖縄県は、6月23日を「慰霊の日」と条例で記念日に定めている。毎年、沖縄戦犠牲者の霊を慰め、平和を願う日だ。50年以上経った今も、悲しみを忘れず受け継がれている。全国の米軍専用施設の約70％が集中する沖縄。普天間《ふてんま》基地から辺野古《へのこ》への移設問題で県民の意見は二分されている。この重大な沖縄基地問題は、今も続く。胸が痛む。

女の覚悟

湯川《ゆかわ》れい子《こ》（音楽評論家・作詞家）（81歳、平成29年9月）

日本作詞家協会名誉会長。『スイングジャーナル』誌で、ジャズ評論家として執筆を開始。その後、ラジオDJやコメンテーターなどで活躍。
①女の覚悟、②英語の上達法、③ビートルズと単独会見、④歌手シンディ・ローパーの友情など

父の先祖は山形藩士だった。母方も武家で、武家のしきたりを受けてきた。昭和20年8月15日正午。母と9歳の私は並んで居間のラジオの前に座った。独特の抑揚の声が聞こえてくる。戦争が終わったことは理解できた。母は背筋を伸ばしたままだった。幾日か経って母が私を座らせた。手に懐剣《かいけん》を持っている。鞘《さや》から抜き出した刀身は細くて怪しい鏡のようだった。その懐剣は亡くなった父が、私の嫁入りのときに持たせるために用意していたものだ。「あなたが辱めを受けるようなことがあったら、これで自害しなさい」。母はそう言って作法《さほう》を教えてくれた。

正座した膝《ひざ》を縛り、懐剣を懐紙で清め両手で喉《のど》に当てて前に倒れこむ。母がやって見せ、

私も同じようにした。「辱め」の意味も知らない私だったが、自分で自分の命を奪うやり方を教える母に、何か切迫したものを感じた。

日本は戦争に負けた。ならば占領軍が来るだろう。彼らに汚されるくらいなら自分は死を選ぶ。娘にもそうさせたいと、母は武家の娘らしく潔く決めたのだと思う。

湯川は両親が武家出身のため、その作法で育てられた。現在では、「辱め」の言葉すら耳にしない時代となり、敗戦の空気感は遠く離れて行く。忘れてはならないことだ。

戦後の湯川の生き方は奔放そのものであった。

8歳上の下宿人の許嫁《いいなずけ》がありながら、音楽に熱狂する同世代の別の男性に恋をし、母から許されぬと自殺未遂を起こす。結婚式直前に恋人と逃避行も行う大胆さだった。

他にも37歳の時、プレスリーに会うことが結婚の条件と男性に言われた湯川は、プレスリーとの面会を実現させる。その際に、湯川も大ファンだったエルビスから、自身の結婚証明書に証人としてサインをもらい、世間を驚かせた。

凜として信念を持って行動をする

乃木将軍に思いを馳せる

芳澤《よしざわ》　謙吉《けんきち》（元外務大臣）（84歳、昭和32年11月）

外交官。東京帝国大学卒業後、外務省に入省、上海やロンドン、北京に赴任し、政務局長や北京公使などを歴任、岳父の犬養毅内閣時に外務大臣となる。外務大臣辞職後は貴族院議員となった。

①旅順港の激戦地、②明治天皇御大葬の担当（乃木将軍自害当日）、③五・一五事件など

明治45年7月30日、明治天皇が崩御《ほうぎょ》され、私は、明治天皇御大葬の事務官に任命された。明治天皇崩御は各国に非常に衝動を与えた。9月13日、御大葬には、英国から英国皇帝の従弟アーサー・オブ・コンノート殿下、米国からは国務長官ノックス、ドイツからはプリンツ・ハインリッヒ、フランスからは元外務大臣ビションといった各国の要人が、多く参列。日本政府は接待員に気を遣い、私も接待員の1人として対応。御大葬を終えた夜、自宅に帰り、翌朝に伏見宮邸《ふしみのみや》へ出頭すると、乃木委員長の自殺と夫人が殉死《じゅんし》されたと聞き、驚いた。

昭和7年5月15日は、日曜日で好天気だった。私は久しぶりにゴルフに出かけ、夕方官舎に帰宅した矢先に、家族が「向かい側の総理官邸に何かできごとがあったようだ」と言う。

早速官邸に行くと、人々があわただしく騒いでいる。応接間では、犬養毅総理が頭部を負傷していた。海軍将校が乱入し、犬養総理に向けて、射撃したということ聞いた。私は驚き、海軍大臣に電話をかけ、これを伝えると、大角《おおすみ》海相も驚き「さっそく対応処置をとる」と言った。騒ぎは大きくなり、全閣僚、政友会の人たちが集まり、一時は戒厳令の噂まで飛んだ。その晩、犬養総理は負傷により、世を去った。78歳であった。

時により価値観は変わるが、命の重さは変わらない

乃木希典《まれすけ》大将は、明治天皇に対し、戦争で多くの死傷者を出したことを、自刃《じじん》をもって、お詫《わ》びようとしている（日露戦争では二人の息子も戦死している）。その時、明治天皇は乃木希典大将を思いとどまらせたのだった。乃木大将は天皇崩御の知らせを聞き、ずっと自害を考えていたが、御大葬までは「軍人らしく責任を全うしよう」と覚悟したものと思われる。私は、立派な軍人としての生き様と思えた。

現代では、想像もつかない思いだが、芳澤は時代の記録として残したかったのだろう。また、乃木大将の遺書は同郷の岩田宙三（元法相）が受け取り、「履歴書」で紹介されている。

スクープ取り

渡邉《わたなべ》　恒雄《つねお》（読売新聞グループ本社代表取締役主筆）（80歳、平成18年12月）

「ナベツネ」の通称で知られる。読売巨人軍最高顧問、元球団オーナー、一般社団法人日本新聞協会会長などを歴任した。「球界の独裁者」と呼ばれていることを渡邉自身が認めている。

①首相官邸の番記者、②28人目のプロポーズ、③中曽根康弘さん、④政治記者の心得など

首相官邸の番記者は、首相を追いかけるのが仕事だ。

官邸詰めの記者たちはマスコミを毛嫌いするワンマンの吉田首相に反発し、同じ自由党でも首相のライバルだった鳩山一郎に好感を持っていた。だから官邸のキャップに「鳩山邸に通え」と言われたのは願ってもないことだった。と言ってもすぐには鳩山さんに会えない。鳩山派の会合でも朝日新聞の若宮小太郎さんだけは部屋に入れてもらえるのに、私は窓ガラス越しにしか取材できなかった。

そのうち私は、当時、脳出血で半身が不自由だった鳩山さんのお散歩のお供をすることができるようになった。手を引き、肩を貸して何時間でも一緒に歩く。次第に「吉田のばかや

ろ!」などといった本音が聞けるようになった。庭の芝生で鳩山由紀夫君や邦夫君を背中に乗せて「馬」になったりしていたが、彼らは覚えていないらしい。

政治記者の心得として、記者は知ったことを何でも書けばいいというものではない。政治の世界は、内部に食い込んで細部までわかった上でないと、全体も部分も見えないものだ。そして書くべき時期に書くべきことを書く。オフレコを破り、取材源の信頼を失えばスクープは取れない。政局さえ動かすスクープを書くには、タイミングをはかる忍耐が必要だ。

スクープにも信頼関係が大切

古川貞二郎は内閣首席参事官(官邸課長職トップ)になり、閣議案件の取り纏《まと》め、総理の施政方針、政府主催の行事、儀式も担当する。古川は内閣と宮中の連絡役であり、各省庁との根回しや取り纏めのため、睡眠時間は3時間(参事官)だと揶揄《やゆ》されていた。その中に深夜自宅での各社の政治記者とのやりとりが1時間ほど入っている。これを政治記者の渡邉は「政治の世界は、内部に食い込んで細部までわかった上でないと全体も部分も見えないもの」と記す。官邸の内部事情をよく知る内閣官房副長官との信頼関係が非常に大切となる。

付録

業界別「私の履歴書」登場者一覧

業界別「私の履歴書」登場者一覧について

「私の履歴書」で紹介されている876名を13項目の「業界」に分類し、登場者一覧にしました。作家であり事業家である人など、多面性を持った人の分類は本当に頭を使いました。読者の方々の登場者に対する印象もあると思いますが、私が考える分類としてご紹介します。また、各項の並び順は、「私の履歴書」掲載順となっております。

1経済界（329名）：経済業界の登場者が一番多く、全体の4割近くを占めました。経済業界はさらに19項目に分類して紹介をしています。

石油・石炭業界（10名）、ゴム・セメント・鉱山業界（10名）、鉄鋼業界（9名）、紙・パルプ・繊維業界（16名）、電気・ガス・電子力業界（13名）、化学業界（21名）、機械・金属業界（10名）、電機・音響・半導体・電池業界（33名）、精密機械業界（10名）、情報・通信業界（4名）、建築・不動産業界（14名）、水産業界（2名）、食品業界（28名）、商業（33名）、サービス業（21名）、陸・海・空の運送業業界（22名）、輸送業界（19名）、生活用品

関係業界（11名）、銀行・信託銀行・証券・保険業界（43名）

2政治家（79名）：首相や衆議院、参議院を中心に、海外の大統領や議員も含みます。

3行政・司法関係（54名）：中央行政、地方行政、司法、皇室、国際機関の関係者です。

4団体・組合（15名）：婦人団体や労働組合、商工会などの関係者をまとめています。

5映画・演劇（57名）：映画や舞台で活躍した人を中心にまとめています。

6芸術家（89名）：画家や彫刻家、音楽家、写真家、陶芸家、華・茶道家などです。

7古典芸能（31名）：歌舞伎俳優や、落語家、狂言師、能楽師などをまとめています。

8作家（77名）：作家、歌人、マンガ家や評論家をまとめました。文化庁長官の今日出海氏も含まれていますが、今氏は作家であったためであり、渡邉恒雄氏もジャーナリストであったため、ここに分類しています。

9スポーツ界（34名）：主にプロスポーツ選手をまとめています。

10囲碁・将棋（13名）：囲碁界と将棋界の登場者です。

11学者（75名）：大学関係者を中心としてまとめています。

12医師（13名）：病院院長や医学の関係者をまとめています。

13宗教界（10名）：宗教家をまとめています。

※電子版では、氏名をクリックすると、私のＨＰで該当する「私の履歴書」の要約にリンクしています。

経済界

石油・石炭業界

	氏名	掲載時肩書き	掲載年	掲載期間	回数	執筆歳
1	出光佐三	出光興産社長	1956(S31)	7.19–7.28	10	71
2	栗田淳一	新日本石油社長	1959(S34)	3.17–4.12	27	71
3	萩原吉太郎	北海道炭礦汽船社長	1960(S35)	6.23–7.21	29	58
4	池田亀三郎	三菱油化社長	1960(S35)	12.12–12.31	20	76
5	和田完二	丸善石油社長	1961(S36)	2.1–2.23	23	63
6	三村起一	石油資源開発社長	1962(S37)	5.12–6.7	27	75
7	中山善郎	コスモ石油会長	1992(H4)	11.1–11.30	29	78
8	八城政基	シティバンク在日代表	1997(H9)	4.1–4.30	29	68
9	渡　文明	JXホールディングス相談役	2013(H25)	4.1–4.30	29	77
10	天坊昭彦	出光興産元社長	2020(R2)	4.1–4.30	29	80

ゴム・セメント・鉱山業業界

	氏名	掲載時肩書き	掲載年	掲載期間	回数	執筆歳
1	石橋正二郎	ブリジストンタイヤ社長	1957(S32)	2.6–2.18	13	68
2	伊藤保次郎	三菱鉱業社長	1959(S34)	8.9–8.28	20	69
3	諸井貫一	秩父セメント社長	1960(S35)	5.1–5.28	28	64
4	渡辺政人	東北開発社長	1960(S35)	10.28–11.20	24	67
5	大槻文平	三菱鉱業セメント会長	1976(S51)	10.16–11.11	27	73
6	安藤豊禄	小野田セメント相談役	1980(S55)	3.3–4.2	31	83
7	竹見淳一	日本ガイシ相談役	1994(H6)	6.1–6.30	29	77
8	永野　健	三菱マテリアル相談役	1998(H10)	3.1–3.31	30	75
9	稲盛和夫	京セラ名誉会長	2001(H13)	3.1–3.31	30	69
10	柴田昌治	日本ガイシ特別顧問	2017(H29)	7.1–7.31	30	80

鉄鋼業界

	氏名	掲載時肩書き	掲載年	掲載期間	回数	執筆歳
1	河田　重	日本鋼管社長	1958(S33)	4.27–5.17	18	71
2	石塚粂蔵	日本製鋼所会長	1961(S36)	2.24–3.11	16	74

3	稲山嘉寛	八幡製鐵社長	1965（S40）	3.18–4.13	26	62
4	永野重雄	富士製鐵社長	1969（S44）	1.1–2.2	33	69
5	槇田久生	日本鋼管会長	1985（S60）	1.1–1.28	28	76
6	斎藤英四郎	新日本製鐵会長	1985（S60）	6.1–7.2	32	74
7	日向方齊	関西経済連合会会長	1987（S62）	1.1–1.31	31	80
8	岩村英郎	川崎製鉄会長	1988（S63）	5.1–5.31	30	72
9	今井　敬	新日鐵名誉会長	2012（H24）	9.1–9.30	29	83

紙・パルプ・繊維業界

1	足立　正	日本商工会議所会頭	1958（S33）	2.17–3.1	13	75
2	大屋晋三	帝国人造絹糸社長	1958（S33）	5.18–6.9	23	64
3	井上貞治郎	聯合紙器社長	1959（S34）	6.28–7.17	20	77
4	塚田公太	倉敷紡会長	1961（S36）	7.9–8.5	28	74
5	木下又三郎	本州製紙社長	1969（S44）	4.18–5.20	33	80
6	田代茂樹	東レ名誉会長	1972（S47）	6.30–7.27	28	82
7	樫山純三	オンワード樫山会長	1976（S51）	3.2–4.1	31	75
8	早川種三	興人相談役	1980（S55）	12.1–12.31	31	83
9	田中文雄	王子製紙会長	1983（S58）	10.11–11.6	27	73
10	黒田暲之助	コクヨ会長	1986（S61）	6.1–6.30	30	70
11	宇野　収	東洋紡相談役	1994（H6）	12.1–12.31	30	77
12	長谷川薫	レンゴー社長	1998（H10）	11.1–11.30	29	74
13	安居祥策	日本政策金融公庫総裁	2009（H21）	10.1–10.31	30	74
14	前田勝之助	東レ名誉会長	2011（H23）	10.1–10.31	30	80
15	馬場　彰	オンワードホールディングス名誉顧問	2013（H25）	2.1–2.28	27	78
16	大坪　清	レンゴー会長兼社長	2020（R2）	3.1–3.31	30	81

電気・ガス・原子力業界

1	石毛郁治	東洋高圧社長	1957（S32）	10.29–11.18	20	63
2	安川第五郎	日本原子力発電社長	1958（S33）	10.9–10.26	18	72

3	内ケ崎贇五郎	東北電力社長	1959(S34)	10.15-11.2	19	64
4	青木均一	東京電力社長	1960(S35)	3.9-4.4	27	62
5	松永安左エ門	電力中央研究所理事長	1964(S39)	1.1-1.31	31	89
6	進藤武左エ門	水資源開発公団総裁	1965(S40)	7.10-8.2	24	69
7	井上五郎	中電会長・中経連会長	1967(S42)	3.7-4.4	29	68
8	本田弘敏	東京瓦斯会長	1968(S43)	3.7-4.6	31	70
9	木川田一隆	東京電力社長	1970(S45)	1.1-1.29	29	71
10	横山通夫	中部電力相談役	1977(S52)	7.27-8.21	26	77
11	岩谷直治	岩谷産業会長	1989(H1)	7.1-7.31	30	86
12	永倉三郎	九州電力前会長	1989(H1)	9.1-9.30	29	79
13	田中精一	中部電力会長	1990(H2)	4.1-4.30	29	79

化学業界

1	原安三郎	日本化薬社長	1956(S31)	3.8-3.20	13	72
2	奥村政雄	日本カーバイト工業社長	1962(S37)	7.1-7.26	26	83
3	大屋　敦	日銀政策委員	1964(S39)	7.11-8.4	25	79
4	石原廣一郎	石原産業会長	1964(S39)	8.5-8.28	24	74
5	野村興曽市	電気化学工業社長	1966(S41)	9.25-10.21	27	77
6	中安閑一	宇部興産社長	1967(S42)	9.26-10.16	21	72
7	稲垣平太郎	日本ゼオン相談役・日本貿易会会長	1968(S43)	12.7-12.31	25	80
8	加藤辨三郎	協和発酵工業会長	1969(S44)	12.4-12.31	28	70
9	安西正夫	昭和電工社長	1970(S45)	10.3-10.31	29	66
10	土井正治	住友化学工業会長	1971(S46)	8.11-9.8	29	77
11	小林節太郎	富士写真フイルム会長	1977(S52)	3.29-4.25	28	78
12	川村勝巳	大日本インキ化学相談役	1981(S56)	4.1-4.30	29	76
13	宮崎　輝	旭化成工業社長	1983(S58)	12.7-12.31	25	74
14	鈴木治雄	昭和電工名誉会長	1989(H1)	5.1-5.31	30	76
15	福原義春	資生堂会長	1997(H9)	10.1-10.31	30	66

16	林原　健	林原社長	2003（H15）	6.1－6.30	29	61
17	武田國男	武田薬品会長	2004（H16）	11.1－11.30	30	64
18	金川千尋	信越化学工業社長	2006（H18）	5.1－5.31	30	80
19	大橋光夫	昭和電工最高顧問	2017（H29）	2.1－1.28	27	81
20	永山　治	中外製薬名誉会長	2021（R3）	8.1－8.31	30	74
21	吉野　彰	旭化成名誉フェロー	2021（R3）	10.1－10.31	30	73

機械・金属業界

1	河合良成	小松製作所社長	1957（S32）	7.13－7.25	13	71
2	井村荒喜	不二越鋼材社長	1959（S34）	5.29－6.27	30	68
3	山岡孫吉	ヤンマーディーゼル社長	1959（S34）	12.13－12.31	19	71
4	嶋田卓弥	蛇の目ミシン工業社長	1965（S40）	5.4－5.30	25	64
5	吉田忠雄	吉田工業社長	1977（S52）	8.22－9.17	27	70
6	安井正義	ブラザー工業会長	1979（S54）	2.1－2.28	28	75
7	井上礼之	ダイキン工業会長	2007（H19）	2.1－2.28	27	72
8	坂根正弘	コマツ相談役	2014（H26）	11.1－11.30	29	73
9	稲葉　善治	ファナック会長	2022（R4）	1.1－1.31	30	73
10	野路國夫	コマツ特別顧問	2022（R4）	4.1－4.30	29	75

電機・音響・半導体・電池業界

1	松下幸之助	松下電器産業社長	1956（S31）	8.19－8.26	8	61
2	早川徳次	早川電気工業社長	1962（S37）	9.15－10.12	28	69
3	井深　大	ソニー社長	1962（S37）	12.15－12.31	17	54
4	井植歳男	三洋電機社長	1963（S38）	3.31－4.26	27	61
5	高杉晋一	三菱電機相談役	1964（S39）	9.25－10.23	29	72
6	倉田主税	日立製作所相談役	1969（S44）	7.23－8.21	30	83
7	和田恒輔	富士電機製造相談役	1971（S46）	9.9－10.8	30	84
8	立石一真	立石電機社長	1974（S49）	5.24－6.21	29	74
9	松下幸之助（2回目）	松下電器産業相談役	1976（S51）	1.1－1.31	31	81

10	湯浅佑一	湯浅電池・商事社長	1980（S55）	10.31–11.30	31	73
11	駒井健一郎	日立製作所会長	1981（S56）	1.1–1.31	31	80
12	高柳健次郎	日本ビクター顧問	1982（S57）	2.3–3.4	29	83
13	素野福次郎	TDK会長	1986（S61）	3.4–3.31	28	74
14	進藤貞和	三菱電機名誉会長	1986（S61）	7.1–7.31	31	76
15	小林宏治	日本電気会長	1987（S62）	11.1–11.30	29	80
16	樫尾忠雄	カシオ計算機相談役	1991（H3）	8.1–8.31	30	73
17	堀場雅夫	堀場製作所会長	1992（H4）	4.1–4.30	29	68
18	村田 昭	村田製作所会長	1993（H5）	7.1–7.31	30	72
19	横河正三	横河電機名誉会長	1996（H8）	9.1–9.30	29	82
20	佐波正一	東芝相談役	1998（H10）	6.1–6.30	29	79
21	山本卓眞	富士通名誉会長	1999（H11）	3.1–3.31	30	74
22	牛尾治朗	ウシオ電機会長	1999（H11）	10.1–10.31	30	68
23	ボブ・ガルビン	米モトローラ元会長	2000（H12）	6.1–6.30	29	77
24	ジャック・ウェルチ	前米GE会長	2001（H13）	10.1–10.31	30	66
25	大賀典雄	ソニー取締役会議長	2003（H15）	1.1–1.31	30	73
26	井植 敏	三洋電機会長兼CEO	2003（H15）	9.1–9.30	29	71
27	西岡 喬	三菱重工業相談役	2010（H22）	11.1–11.30	29	74
28	立石義雄	オムロン名誉会長	2012（H24）	11.1–11.30	29	73
29	岡村 正	東芝相談役	2014（H26）	3.1–3.31	30	76
30	ラタン・タタ	タタ・グループ名誉会長	2014（H26）	7.1–7.31	30	77
31	川村 隆	日立製作所相談役	2015（H27）	5.1–5.31	30	76
32	澤部 肇	TDK元会長	2019（R1）	12.1–12.31	30	77
33	丸山茂雄	元ソニー・ミュージックエンターテインメント社長	2022（R4）	7.1–7.30	30	81

精密機器業界

1	市村 清	理研光学社長	1962（S37）	2.21–3.20	28	62
2	田嶋一雄	ミノルタカメラ会長	1983（S58）	4.25–5.21	27	84

3	賀来龍三郎	キヤノン会長	1993(H5)	3.1-3.31	30	66
4	ゴードン・ムーア	インテル会長	1995(H7)	2.1-2.28	27	66
5	山路敬三	日本テトラパック会長	1997(H9)	3.1-3.31	30	69
6	椎名武雄	日本IBM最高顧問	2000(H12)	10.1-10.31	30	71
7	ルイス・ガースナー	米IBM会長	2002(H14)	11.1-11.30	29	60
8	矢嶋英敏	島津製作所会長	2004(H16)	7.1-7.31	30	69
9	吉田庄一郎	ニコン相談役	2007(H19)	6.1-6.30	29	75
10	島　正博	島精機製作所会長	2021(R3)	3.1-3.31	30	84
情報・通信業界						
1	鈴木幸一	IIJ会長	2019(R1)	10.1-10.31	30	73
2	小野寺　正	KDDI相談役	2020(R2)	10.1-10.31	30	72
3	東　哲郎	元東京エレクトロン社長	2021(R3)	4.1-4.30	29	71
4	滝　久雄	ぐるなび創業者	2022(R4)	9.1-9.30	29	82
建築・不動産業界						
1	鹿島守之助	鹿島会長・参議院議員	1964(S39)	8.29-9.23	26	68
2	久保田豊	日本工営社長	1966(S41)	7.1-7.29	29	76
3	中山幸市	太平住宅社長	1966(S41)	11.17-12.2	16	66
4	江戸英雄	三井不動産会長	1980(S55)	5.3-6.2	31	77
5	戸田利兵衛	戸田建設会長	1981(S56)	2.1-3.1	29	95
6	田鍋　健	積水ハウス社長	1985(S60)	10.2-10.31	30	73
7	石橋信夫	大和ハウス工業会長	1991(H3)	10.1-10.31	30	70
8	森　泰吉郎	森ビル社長	1991(H3)	11.1-11.30	29	87
9	石川六郎	鹿島建設名誉会長	2002(H14)	7.1-7.31	30	77
10	樋口武雄	大和ハウス工業会長	2012(H24)	3.1-3.31	30	74
11	和田　勇	積水ハウス会長	2013(H25)	11.1-11.30	29	72
12	重久吉弘	日揮グループ代表	2015(H27)	2.1-2.28	27	82
13	福澤　武	三菱地所名誉顧問	2016(H28)	4.1-4.30	29	84

14	矢野　龍	住友林業最高顧問	2022(R4)	6.1-6.30	29	82

水産業界

1	中部謙吉	大洋漁業社長	1962(S37)	10.13-11.6	25	66
2	法華津孝太	極洋捕鯨社長	1967(S42)	7.10-7.31	22	64

食品業界

1	山本為三郎	朝日麦酒社長	1957(S32)	4.24-5.12	19	58
2	杉山金太郎	豊年製油会長	1957(S32)	6.29-7.12	14	81
3	平塚常次郎	日魯漁業社長	1958(S33)	4.5-4.26	22	77
4	佐藤　貢	雪印乳業社長	1959(S34)	11.17-12.12	26	61
5	江崎利一	江崎グリコ社長	1963(S38)	8.16-9.9	25	81
6	町村敬貴	北海道町村牧場主	1964(S39)	3.1-3.18	18	82
7	三島海雲	カルピス食品工業社長	1966(S41)	4.5-5.3	29	88
8	竹鶴政孝	ニッカウヰスキー社長	1968(S43)	5.30-6.26	28	73
9	時国益夫	麒麟麦酒社長	1969(S44)	2.28-3.21	22	76
10	茂木啓三郎	キッコーマン醤油社長	1971(S46)	4.21-5.17	27	72
11	黒沢酉蔵	雪印乳業相談役	1977(S52)	9.18-10.13	26	92
12	伊藤傳三	伊藤ハム栄養食品社長	1979(S54)	3.31-4.25	26	71
13	大野　勇	森永乳業相談役	1981(S56)	8.20-9.14	26	82
14	大社義規	日本ハム社長	1984(S59)	7.21-8.18	29	69
15	坂口幸雄	日清製油会長	1987(S62)	7.1-7.31	31	86
16	本坊豊吉	薩摩酒造社長	1988(S63)	9.1-9.30	29	83
17	佐治敬三	サントリー会長	1993(H5)	4.1-4.30	29	73
18	ヘルムート・マウハー	ネスレ会長	1998(H10)	8.1-8.31	30	71
19	樋口廣太郎	アサヒビール名誉会長	2001(H13)	1.1-1.31	30	75
20	安藤百福	日清食品会長	2001(H13)	9.1-9.30	29	91
21	佐藤安弘	キリンビール相談役	2005(H17)	9.1-9.30	29	69
22	江頭邦雄	味の素会長	2006(H18)	11.1-11.30	29	69

23	大倉敬一	月桂冠相談役	2010（H22）	10.1－10.31	30	83
24	瀬戸雄三	元アサヒビール会長	2011（H23）	5.1－5.31	30	81
25	茂木友三郎	キッコーマン名誉会長	2012（H24）	7.1－7.31	30	77
26	福地茂雄	アサヒグループホールディングス相談役	2014（H26）	6.1－6.30	29	80
27	荒蒔康一郎	元キリンビール社長	2015（H27）	9.1－9.30	29	86
28	伊藤雅俊	味の素会長	2019（H31）	3.1－3.31	30	71

商業

1	新関八洲太郎	第一物産（現・三井物産）社長	1956（S31）	11.18－12.2	15	59
2	伊藤忠兵衛	東洋パルプ会長	1957（S32）	3.7－3.24	18	71
3	伊藤次郎左衛門	松坂屋社長	1958（S33）	3.2－3.15	14	56
4	北沢敬二郎	大丸会長	1966（S41）	6.1－6.30	30	77
5	司　忠	丸善社長	1969（S44）	3.23－4.17	26	75
6	市川　忍	丸紅飯田会長	1970（S45）	1.30－2.26	28	73
7	小林　勇	岩波書店会長	1972（S47）	1.30－2.23	25	69
8	松田伊三雄	三越社長	1972（S47）	2.24－3.19	25	76
9	赤尾好夫	旺文社社長	1972（S47）	8.23－9.17	26	65
10	高畑誠一	日商岩井相談役	1972（S47）	10.15－11.9	26	85
11	水上達三	日本貿易会会長	1973（S48）	8.15－9.10	27	70
12	越後正一	伊藤忠商事会長	1975（S50）	9.17－10.14	28	74
13	田辺茂一	紀伊國屋書店社長	1976（S51）	8.24－9.17	25	71
14	西川政一	日商岩井相談役	1978（S53）	6.30－7.28	29	79
15	八尋俊邦	三井物産会長	1989（H1）	12.1－12.31	30	74
16	春名和雄	丸紅会長	1990（H2）	12.1－12.31	30	71
17	鈴木英夫	兼松名誉顧問	1996（H8）	2.1－2.29	28	74
18	諸橋晋六	三菱商事会長	1996（H8）	11.1－11.30	29	74
19	坂倉芳明	三越相談役	1997（H9）	11.1－11.30	29	76
20	中内　功	ダイエー会長	2000（H12）	1.1－1.31	30	78

21	伊藤雅俊	イトーヨーカ堂名誉会長	2003（H15）	4.1－4.30	30	79
22	松原　治	紀伊國屋書店会長兼CEO	2004（H16）	2.1－2.29	28	86
23	岡田卓也	イオン名誉会長	2004（H16）	3.1－3.31	30	78
24	鈴木敏文	セブン&アイホールディング会長	2007（H19）	4.1－4.30	30	75
25	槙原　稔	三菱商事相談役	2009（H21）	9.1－9.30	30	79
26	室伏　稔	元伊藤忠商事会長	2011（H23）	9.1－9.30	29	80
27	奥田　務	J・フロントリテイリング相談役	2015（H27）	12.1－12.31	30	76
28	大山健太郎	アイリスオーヤマ社長	2016（H28）	3.1－3.31	30	71
29	タニン・チャラワノン	チャロン・ポカパングループ会長	2016（H28）	7.1－7.31	30	77
30	松井忠三	良品計画元会長	2018（H30）	2.1－2.28	27	68
31	髙田　明	ジャパネットたかた創業者	2018（H30）	4.1－4.30	29	69
32	モフタル・リアディ	リッポーグループ創業者	2018（H30）	5.1－5.31	30	89
33	ブンヤシット・チョクワタナー	サハ・グループ会長	2021（R3）	7.1－7.31	30	84

サービス業

1	犬丸徹三	帝国ホテル社長	1960（S35）	11.21－12.11	21	73
2	小川栄一	藤田観光社長	1963（S38）	5.28－6.26	28	64
3	大谷米太郎	大谷重工業社長	1964（S39）	3.19－4.12	25	83
4	野田岩次郎	ホテルオークラ会長	1981（S56）	5.31－6.27	28	84
5	鈴木　剛	プラザホテル社長	1982（S57）	10.12－11.5	25	86
6	坂本五郎	古美術商「不言堂」	1996（H8）	12.1－12.31	30	73
7	江頭匡一	ロイヤル創業者	1999（H11）	5.1－5.31	30	76
8	高橋政知	オリエンタルランド相談役	1999（H11）	7.1－7.31	30	86
9	飯田　亮	セコム創業者	2001（H13）	6.1－6.30	29	68
10	村上信夫	帝国ホテル料理顧問	2001（H13）	8.1－8.31	30	80
11	成田　豊	電通最高顧問	2008（H20）	8.1－8.31	31	79
12	鳥羽博道	ドトールコーヒー名誉会長	2009（H21）	2.1－2.28	27	72
13	近藤道生	博報堂最高顧問	2009（H21）	4.1－4.30	29	89

14	野田順弘	オービック会長兼社長	2010(H22)	6.1-6.30	29	71
15	篠原欣子	テンプスタッフ創業者	2013(H25)	6.1-6.30	29	79
16	似鳥昭雄	ニトリホールディングス社長	2015(H27)	4.1-4.30	29	71
17	安部修仁	吉野家ホールディングス会長	2016(H28)	9.1-9.30	29	67
18	ジョー・プライス	美術蒐集家	2017(H29)	3.1-3.31	30	88
19	加賀見俊夫	オリエンタルランド会長兼CEO	2017(H29)	5.1-5.31	30	81
20	横川　竟	すかいらーく創業者	2018(H30)	9.1-9.30	29	80
21	寺田千代乃	アートコーポレーション名誉会長	2020(R2)	9.1-9.30	29	73

陸・海・空の運送業界

1	五島慶太	東急電鉄会長	1956(S31)	4.14-4.23	10	74
2	十河信二	国鉄総裁	1958(S33)	8.15-9.5	22	74
3	松尾静磨	日本航空社長	1961(S36)	6.16-7.8	23	58
4	岩切章太郎	宮崎交通会長	1965(S40)	8.25-9.16	23	72
5	岡崎嘉平太	日中覚書貿易事務所代表	1967(S42)	11.11-12.4	24	70
6	土川元夫	名古屋鉄道社長	1970(S45)	2.27-3.25	27	67
7	田口利八	西濃運輸社長	1973(S48)	6.20-7.17	28	66
8	川勝　伝	南海電気鉄道社長	1977(S52)	11.10-12.6	27	76
9	安藤楢六	小田急電鉄会長	1980(S55)	7.31-8.30	31	80
10	竹田弘太郎	名古屋鉄道社長	1980(S55)	10.1-10.30	30	64
11	乾　豊彦	乾汽船会長	1982(S57)	4.1-4.26	26	75
12	菊池庄次郎	日本郵船会長	1984(S59)	6.25-7.20	26	72
13	山下　勇	JR東日本会長	1987(S62)	5.1-5.31	31	76
14	五島　昇	日本商工会議所名誉会頭	1989(H1)	3.1-3.31	30	73
15	磯崎　叡	サンシャインシティ相談役	1990(H2)	6.1-6.30	29	78
16	上山善紀	近畿日本鉄道相談役	1999(H11)	11.1-11.30	29	85
17	根本二郎	日本郵船会長	2001(H13)	12.1-12.31	30	73
18	小倉昌男	ヤマト福祉財団理事長	2002(H14)	1.1-1.31	30	78

19	松田昌士	JR東日本相談役	2008(H20)	11.1-11.30	29	72
20	生田正治	商船三井最高顧問	2011(H23)	1.1-1.31	30	76
21	葛西敬之	JR東海名誉会長	2015(H27)	10.1-10.31	30	75
22	大橋洋治	ANAホールディングス相談役	2017(H29)	4.1-4.30	29	77

輸送業界

1	石田退三	トヨタ自工社長	1958(S33)	9.6-9.18	13	69
2	本田宗一郎	本田技研工業社長	1962(S37)	8.21-9.14	25	56
3	川又克二	日産自動車社長	1963(S38)	9.10-10.8	29	56
4	鮎川義介	日本中小企業政治連盟総裁	1965(S40)	1.1-2.1	32	85
5	松田恒次	東洋工業社長	1965(S40)	10.15-11.8	25	70
6	砂野 仁	川崎重工社長	1969(S44)	9.16-10.9	24	70
7	神谷正太郎	トヨタ自動車販売社長	1974(S49)	8.19-9.16	29	76
8	田口連三	石川島播磨重工業会長	1975(S50)	7.27-8.22	27	69
9	加藤誠之	トヨタ自動車販売会長	1980(S55)	7.1-7.30	30	73
10	土光敏夫	経済団体連合会名誉会長	1982(S57)	1.1-2.2	33	86
11	豊田英二	トヨタ自動車会長	1984(S59)	9.18-10.15	28	71
12	梁瀬次郎	ヤナセ社長	1984(S59)	12.7-12.31	25	68
13	石原 俊	日産自動車相談役	1994(H6)	11.1-11.30	29	82
14	稲葉興作	日本商工会議所会頭	1995(H7)	4.1-4.30	29	71
15	舘 豊夫	三菱自動車相談役	1995(H7)	9.1-9.30	29	75
16	島野喜三	シマノ会長	2005(H17)	7.1-7.31	30	70
17	ルイ・シュバイツアー	ルノー会長	2005(H17)	10.1-10.31	30	63
18	豊田章一郎	トヨタ自動車名誉会長	2014(H26)	4.1-4.30	29	89
19	カルロス・ゴーン	日産自動車社長	2017(H29)	1.1-1.31	30	63

生活用品関連業界

1	川上源一	日本楽器製造会長	1978(S53)	4.1-4.29	29	66
2	山田徳兵衛	吉徳会長	1982(S57)	3.5-3.31	27	85

3	水野健次郎	美津濃社長	1987（S62）	3.1-3.31	31	73
4	鬼塚喜八郎	アシックス社長	1990（H2）	7.1-7.31	31	72
5	塚本幸一	ワコール会長	1990（H2）	10.1-10.31	31	70
6	米山　稔	ヨネックス会長	2005（H17）	4.1-4.30	30	81
7	潮田健次郎	住生活グループ前会長	2008（H20）	3.1-3.31	31	82
8	高原慶一朗	ユニチャーム会長	2010（H22）	3.1-3.31	31	79
9	池森賢二	ファンケル会長	2019（R1）	11.1-11.30	30	81
10	木瀬照雄	元TOTO社長	2021（R3）	6.1-6.30	30	74
11	浮川和宣	MetaMoji社長	2022（R4）	3.1-3.31	31	76

銀行・信託銀行・証券・保険業界

1	遠山元一	日興證券会長	1956（S31）	6.20-6.28	9	66
2	中山　均	日銀政策委員	1956（S31）	9.22-10.5	12	70
3	山崎種二	山種証券社長	1956（S31）	11.1-11.17	17	63
4	石坂泰三	東芝社長・経団連二代目会長	1957（S32）	1.1-1.11	11	71
5	岡野喜太郎	駿河銀行頭取	1957（S32）	9.29-10.13	15	95
6	藍沢彌八	東京証券取引所理事長	1959（S34）	8.29-9.22	25	79
7	奥村綱雄	野村證券会長	1960（S35）	7.22-8.11	21	57
8	福田千里	大和証券社長	1961（S36）	9.1-9.27	27	65
9	佐々部晩穂	名古屋商工会議所会頭	1961（S36）	12.8-12.31	24	68
10	佐藤喜一郎	三井銀行会長	1966（S41）	1.1-1.31	31	72
11	堀江薫雄	前東京銀行会長	1968（S43）	4.29-5.29	31	65
12	広瀬経一	北海道拓殖銀行頭取	1968（S43）	8.21-9.9	20	72
13	瀬川美能留	野村證券会長	1970（S45）	4.22-5.20	29	64
14	小原鐵五郎	城南信金理事長	1970（S45）	8.5-9.2	29	71
15	宇佐美洵	日本銀行総裁	1971（S46）	1.1-1.29	29	70
16	池田謙蔵	三菱信託相談役	1973（S48）	3.3-3.28	26	80
17	日高　輝	山一証券会長	1975（S50）	4.1-4.27	27	70

18	弘世　現	日本生命保険相互会社社長	1978（S53）	8.24－9.20	28	74
19	川井三郎	協栄生命保険会長	1979（S54）	6.25－7.23	29	71
20	木内信胤	世界経済調査会理事長	1979（S54）	10.15－11.9	26	80
21	北裏喜一郎	野村證券会長	1979（S54）	11.10－12.6	27	68
22	河野一之	太陽神戸銀行相談役	1982（S57）	7.21－8.17	28	75
23	東条猛猪	北海道拓殖銀行会長	1983（S58）	2.1－2.28	28	73
24	三宅重光	東海銀行会長	1983（S58）	6.22－7.16	25	72
25	井上　薫	第一勧業銀行名誉会長	1984（S59）	3.2－3.31	30	78
26	川崎大次郎	第百生命保険相互会長	1985（S60）	8.1－8.31	31	79
27	山田光成	日本信販会長	1986（S61）	5.1－5.31	31	79
28	杉浦敏介	日本長期信用銀行会長	1988（S63）	11.1－11.30	29	77
29	勝田龍夫	日本債券信用銀行会長	1991（H3）	4.1－4.30	29	79
30	新井正明	住友生命保険名誉会長	1991（H3）	7.1－7.31	30	78
31	石井　久	立花証券会長	1993（H5）	9.1－9.30	29	70
32	松沢卓二	富士銀行相談役	1994（H6）	9.1－9.30	29	81
33	伊部恭之助	住友銀行最高顧問	1998（H10）	7.1－7.31	30	90
34	渡辺文夫	東京海上火災相談役	1998（H10）	12.1－12.31	30	81
35	後藤康男	安田火災海上名誉会長	2002（H14）	2.1－2.28	27	79
36	田淵節也	野村證券元会長	2007（H19）	11.1－11.30	29	84
37	寺澤芳男	元米国野村證券会長	2011（H23）	11.1－11.30	29	80
38	宮内義彦	オリックス会長	2013（H25）	9.1－9.30	29	78
39	斉藤　惇	前日本取引所グループCEO	2017（H29）	10.1－10.31	30	78
40	安斎隆史	セブン銀行特別顧問	2018（H30）	8.1－8.31	30	77
41	石原邦夫	東京海上日動火災保険相談役	2019（H31）	1.1－1.31	30	75
42	奥　正之	三井住友フィナンシャルグループ名誉顧問	2019（H31）	4.1－4.30	29	74
43	鈴木茂晴	日本証券業協会会長	2020（R2）	1.1－1.31	30	81

政治家

1	鈴木茂三郎	社会党委員長	1956(S31)	3.1－3.7	6	63
2	松村謙三	前文部大臣	1956(S31)	4.6－4.13	8	73
3	浅沼稲次郎	社会党書記長	1956(S31)	4.24－5.2	9	58
4	砂田重政	自民全国組織委員長	1956(S31)	5.30－6.5	6	52
5	西尾末広	社会党顧問	1956(S31)	6.29－7.10	12	65
6	堤　康次郎	前衆議院議長	1956(S31)	7.29－8.8	11	67
7	片山　哲	社会党顧問	1956(S31)	8.27－9.5	10	69
8	大麻唯男	国務相	1956(S31)	10.6－10.23	18	67
9	河野一郎	前国務大臣	1957(S32)	3.25－4.9	15	59
10	杉山元治郎	衆議院副議長	1957(S32)	7.26－8.6	12	72
11	岩田宙造	元法務大臣・法学博士	1957(S32)	8.7－8.26	20	82
12	藤山愛一郎	外務大臣	1957(S32)	8.27－9.10	15	61
13	芳澤謙吉	元外務大臣	1957(S32)	11.19－12.10	22	84
14	石橋湛山	前首相	1958(S33)	1.3－1.23	21	73
15	鳩山一郎	元首相	1958(S33)	6.10－6.26	17	75
16	星島二郎	衆議院議長	1958(S33)	6.27－7.28	32	71
17	松野鶴平	参議院議長	1958(S33)	11.14－12.4	21	75
18	岸　信介	首相	1959(S34)	1.1－1.16	16	63
19	益谷秀次	副総理	1960(S35)	2.10－3.8	27	72
20	河上丈太郎	社会党委員長	1961(S36)	3.12－4.6	26	72
21	重宗雄三	参議院議長	1962(S37)	11.7－11.26	20	68
22	江田三郎	日本社会党組織委員長	1963(S38)	2.1－2.28	28	56
23	賀屋興宣	自民党政務調査会長	1963(S38)	4.27－5.27	31	74
24	佐々木更三	社会党委員長	1965(S40)	8.3－8.24	22	65
25	船田　中	衆議院議長	1965(S40)	11.9－12.5	27	70
26	田中角栄	自民党幹事長	1966(S41)	2.1－3.7	35	48

27	山口喜久一郎	前衆議院議長	1966（S41）	12.3–12.31	29	69
28	松田竹千代	衆議院議員	1968（S43）	9.29–10.25	27	80
29	水田三喜男	衆議院議員	1969（S44）	11.4–12.3	30	64
30	椎名悦三郎	衆議院議員	1970（S45）	6.11–7.8	28	72
31	三宅正一	衆議院議員・社会党	1971（S46）	3.27–4.20	25	70
32	石井光次郎	衆議院議員	1971（S46）	10.9–11.6	29	82
33	春日一幸	民社党委員長	1972（S47）	3.20–4.16	28	62
34	赤城宗徳	衆議院議員	1973（S48）	2.1–3.2	30	69
35	前尾繁三郎	衆議院議長	1974（S49）	1.1–1.31	31	69
36	中村梅吉	法務大臣	1974（S49）	7.21–8.18	29	73
37	河野謙三	参議院議長	1975（S50）	1.1–1.31	30	74
38	橋本登美三郎	衆議院議員	1975（S50）	10.15–11.11	27	74
39	灘尾弘吉	衆議院議員	1977（S52）	2.26–3.28	31	78
40	大平正芳	自民党幹事長	1978（S53）	1.1–1.31	30	68
41	古井喜実	法務大臣	1979（S54）	7.24–8.21	28	76
42	佐々木良作	民社党委員長	1980（S55）	1.1–1.31	30	65
43	町村金五	参議院議員	1981（S56）	9.15–10.12	27	81
44	安井　謙	前参議院議長	1981（S56）	12.5–12.31	27	70
45	福田　一	衆議院議長	1983（S58）	1.1–1.31	31	80
46	福永健司	衆議院議長	1984（S59）	5.1–5.29	28	74
47	勝間田清一	衆議院副議長	1985（S60）	1.29–2.28	31	77
48	二階堂進	自由民主党副総裁	1986（S61）	1.1–1.31	30	77
49	原　健三郎	衆議院議長	1987（S62）	4.1–4.30	30	80
50	金丸　信	衆議院議員	1987（S62）	1.1–1.31	30	73
51	坂田道太	衆議院議長	1988（S63）	7.1–7.31	31	72
52	後藤田正晴	衆議院議員	1991（H3）	1.1–1.31	30	77
53	J・W・フルブライト	元上院議員	1991（H3）	5.1–5.31	30	86

54	中曽根康弘	元首相	1992(H4)	1.1-1.31	31	74
55	土井たか子	衆議院議員	1992(H4)	9.1-9.30	29	64
56	福田赳夫	元首相	1993(H5)	1.1-1.31	30	88
57	桜内義雄	前衆院議長	1994(H6)	1.1-1.31	30	82
58	小坂善太郎	日本国連協会会長	1994(H6)	5.1-5.31	30	82
59	原　文兵衛	衆議院議長	1995(H7)	1.1-1.31	30	82
60	マーガレット・サッチャー	前英国首相	1995(H7)	7.1-7.31	30	70
61	マハティール・モハマド	マレーシア首相	1995(H7)	11.1-11.30	29	70
62	村山富市	社会民主党党首	1996(H8)	6.1-6.30	29	72
63	山中貞則	衆院議員	1997(H9)	6.1-6.30	29	76
64	孫　平化	中日友好協会会長	1997(H9)	9.1-9.30	29	80
65	スハルト	インドネシア大統領	1998(H10)	1.1-1.31	30	77
66	土屋義彦	埼玉県知事	1998(H10)	4.1-4.30	29	72
67	石橋政嗣	元日本社会党委員長	1998(H10)	9.1-9.30	29	74
68	リー・クアンユー	シンガポール上級相	1999(H11)	1.1-1.31	30	76
69	アルベルト・フジモリ	ペルー共和国大統領	1999(H11)	6.1-6.30	29	61
70	マイク・マンスフィールド	元駐日米大使	1999(H11)	9.1-9.30	29	96
71	フィデル・V・ラモス	元フィリピン大統領	2003(H15)	11.1-11.30	29	75
72	河野洋平	衆議院議長	2004(H16)	12.1-12.31	30	67
73	宮澤喜一	元首相	2006(H18)	4.1-4.30	29	86
74	扇　千景	前参議院議長	2008(H20)	4.1-4.30	29	75
75	細川護熙	元首相	2010(H22)	1.1-1.31	30	72
76	G・W・ブッシュ	第43代米国大統領	2011(H23)	4.1-4.30	29	65
77	トニー・ブレア	元英国首相	2012(H24)	1.1-1.31	30	58
78	森　喜朗	元首相	2012(H24)	12.1-12.31	30	75
79	高村正彦	自民党副総裁	2017(H29)	8.1-8.31	30	75

行政・司法関係

1	高碕達之助	経済企画庁長官	1956(S31)	12.11－12.21	11	71
2	安井誠一郎	東京都知事	1957(S32)	9.11－9.28	17	66
3	金森徳次郎	国立国会図書館長	1958(S33)	7.29－8.14	17	72
4	島津忠承	日本赤十字社社長	1960(S35)	1.1－1.22	21	57
5	田中耕太郎	前最高裁長官	1961(S36)	1.1－1.31	31	71
6	荷見　安	全国農協中央会会長	1961(S36)	10.19－11.12	25	70
7	坂　信弥	大商証券社長	1962(S37)	11.27－12.14	18	64
8	柳田誠二郎	海外経済協力基金総裁	1963(S38)	11.8－12.6	29	70
9	徳川義親	徳川林政史研究所長	1963(S38)	12.7－12.31	25	77
10	内山岩太郎	神奈川県知事	1964(S39)	2.1－2.29	29	74
11	植村甲午郎	経団連副会長	1968(S43)	1.1－2.6	37	73
12	桑原幹根	知事会会長・愛知県知事	1969(S44)	2.3－2.27	25	74
13	屋良朝苗	琉球政府公選行政主席	1970(S45)	12.3－12.31	29	68
14	石田和外	東京高等裁判所長官	1972(S47)	1.1－1.29	28	69
15	渡辺　武	前アジア開発銀行総裁	1973(S48)	4.24－5.22	29	67
16	島　秀雄	宇宙開発事業団理事長	1975(S50)	4.28－5.26	29	74
17	竹田恒徳	国際オリンピック委員会委員	1976(S51)	4.2－4.30	29	67
18	大来佐武郎	海外経済協力基金総裁	1976(S51)	7.26－8.23	29	62
19	古垣鉄郎	日本ユニセフ協会会長	1976(S51)	9.19－10.15	26	76
20	入江相政	宮内庁侍従長	1977(S52)	4.26－5.26	31	72
21	下田武三	外務省顧問	1977(S52)	6.26－7.26	30	70
22	山階芳麿	山階鳥類研究所理事長	1979(S54)	4.26－5.25	30	79
23	片柳真吉	農林中央金庫顧問	1981(S56)	10.13－11.8	27	76
24	鈴木俊一	東京都知事	1982(S57)	8.18－9.14	28	72
25	牛場信彦	外務省顧問	1983(S58)	11.8－12.6	29	74
26	宮崎辰雄	神戸市長	1985(S60)	3.1－3.31	30	74

27	柏木雄介	東京銀行会長	1986（S61）	9.1-10.2	32	69
28	畑　和	埼玉県知事	1986（S61）	10.3-11.1	30	76
29	朝海浩一郎	元駐米大使	1988（S63）	3.1-3.31	30	82
30	藤林益三	元最高裁所長官	1989（H1）	1.1-1.31	30	82
31	谷村　裕	元東証理事長	1990（H2）	1.1-1.31	30	74
32	細川護貞	日本ゴルフ協会会長	1990（H2）	3.1-3.31	30	78
33	矢口洪一	元最高裁長官	1992（H4）	2.1-2.29	28	72
34	小倉武一	農政研究センター会長	1992（H4）	3.1-3.31	30	82
35	平松守彦	大分県知事	1992（H4）	6.1-6.30	29	68
36	吉野俊彦	山一證券研究所特別顧問	1992（H4）	10.1-10.31	30	77
37	澄田　智	前日銀総裁	1993（H5）	10.1-10.31	30	77
38	高木文雄	横浜みなとみらい21社長	1994（H6）	3.1-3.31	30	75
39	両角良彦	総合エネルギー調査会長	1996（H8）	3.1-3.31	30	77
40	明石　康	前国際連合事務次長	2000（H12）	4.1-4.30	29	69
41	松永信雄	元駐米大使	2001（H13）	2.1-2.28	27	78
42	長岡　實	元東京証券取引所理事長	2004（H16）	4.1-4.30	29	80
43	ポール・ボルカー	元FRB議長	2004（H16）	10.1-10.31	30	77
44	行天豊雄	国際通貨研究所理事長	2006（H18）	10.1-10.31	30	75
45	アラン・グリーンスパン	前FRB議長	2008（H20）	1.1-1.31	30	82
46	ハワード・ベーカー	前駐日米大使	2009（H21）	1.1-1.31	30	84
47	ウイリアム・J・ペリー	元米国国防長官	2010（H22）	12.1-12.31	30	83
48	カーラ・ヒルズ	元米通商代表部代表	2013（H25）	3.1-3.31	31	79
49	ジャンクロード・トリシェ	前欧州中央銀行総裁	2014（H26）	9.1-9.30	29	72
50	古川貞二郎	元内閣官房副房長官	2015（H27）	3.1-3.31	30	81
51	石原　信雄	元内閣官房副長官	2019（R1）	6.1-6.30	29	93
52	松浦晃一郎	第八代ユネスコ事務局長	2020（R2）	8.1-8.31	30	82
53	福川伸次	元通産次官	2020（R2）	12.1-12.31	30	88

54	赤松良子	日本ユニセフ協会会長	2021(R3)	12.1-12.31	30	92

団体・組合

1	杉 道助	大阪商工会議所会頭	1956(S31)	6.6-6.12	7	72
2	奥むめお	衆議員・主婦連合会	1958(S33)	1.24-2.16	24	63
3	市川房枝	参議院議員	1960(S35)	9.6-10.2	26	67
4	小田原大造	大阪商工会議所会頭	1961(S36)	4.7-4.30	24	68
5	沢田美喜	エリザベス・サンダースホーム園長	1963(S38)	3.1-3.30	30	62
6	神近市子	参議院議員	1964(S39)	11.13-12.6	24	76
7	菅原通済	常磐山文庫理事長	1966(S41)	7.30-8.29	31	72
8	平塚らいてう	日本婦人団体連合会会長	1967(S42)	10.17-11.10	25	81
9	滝田 実	全繊同盟名誉会長	1972(S47)	9.18-10.14	27	60
10	太田 薫	合化労連委員長	1973(S48)	10.8-11.6	30	61
11	山高しげり	全国地域婦人団体連絡協議会会長	1975(S50)	11.12-12.6	25	76
12	米沢 滋	電電公社総裁	1976(S51)	6.1-6.26	26	65
13	宮田義二	鉄鋼労連委員長	1978(S53)	12.8-12.31	24	54
14	平良敏子	沖縄芭蕉布保存会会長	1991(H3)	12.1-12.31	30	70
15	山岸 章	前日本労働組合連合会会長	1996(H8)	8.1-8.31	30	67

映画・演劇

1	堀 久作	日活社長	1956(S31)	5.11-5.20	10	56
2	大谷竹次郎	松竹会長	1957(S32)	1.27-2.5	10	80
3	藤原義江	藤原歌劇団主宰	1957(S32)	6.11-6.28	18	67
4	永田雅一	大映社長	1957(S32)	5.24-6.10	18	51
5	大川 博	東映社長	1959(S34)	2.24-3.16	21	63
6	河竹繁俊	前早大演劇博物館長	1960(S35)	10.3-10.27	25	70
7	徳川夢声	声優	1961(S36)	8.6-8.31	26	67
8	花柳章太郎	俳優	1962(S37)	6.8-6.30	23	68
9	衣笠貞之助	映画監督	1964(S39)	4.13-5.11	29	68

10	東山千栄子	新劇女優	1966(S41)	5.4－5.31	28	76
11	杉村春子	女優	1968(S43)	6.27－7.21	26	62
12	水谷八重子(初代)	女優・日本芸術院会員	1970(S45)	3.26－4.21	27	65
13	渋谷天外(二代目)	松竹新喜劇座長	1971(S46)	5.18－6.13	27	65
14	長谷川一夫	俳優	1972(S47)	7.28－8.22	26	64
15	島田正吾	俳優	1974(S49)	6.22－7.20	29	68
16	田中絹代	女優	1975(S50)	3.5－3.31	27	66
17	天津乙女	宝塚歌劇団理事	1976(S51)	11.12－12.6	24	71
18	武原はん	舞踊家	1977(S52)	2.1－2.25	25	75
19	森繁久彌	俳優	1979(S54)	9.17－10.14	28	66
20	川喜多長政	東宝東和会長	1980(S55)	4.3－5.2	30	77
21	長門美保	長門美保歌劇団会長	1982(S57)	11.6－12.3	27	71
22	東野英治郎	俳優	1983(S58)	3.30－4.24	26	76
23	市川右太衛門	俳優	1984(S59)	5.30－6.24	25	77
24	春日野八千代	宝塚歌劇団理事	1984(S59)	11.12－12.6	25	70
25	笠　智衆	俳優	1986(S61)	8.1－8.31	31	82
26	木下恵介	映画監督	1987(S62)	9.1－9.30	29	75
27	市川　崑	映画監督	1989(H1)	2.1－2.28	27	74
28	永山武臣	松竹会長	1995(H7)	6.1－6.30	29	70
29	山田洋次	映画監督	1996(H8)	10.1－10.31	30	65
30	池部　良	俳優	1997(H9)	8.1－8.31	30	79
31	淀川長治	映画評論家	1997(H9)	12.1－12.31	30	88
32	ミヤコ蝶々	女優	1998(H10)	2.1－2.28	27	78
33	中邨秀雄	吉本興業会長	2002(H14)	6.1－6.30	29	70
34	岡田　茂	東映相談役	2002(H14)	9.1－9.30	29	78
35	山本富士子	女優	2002(H14)	12.1－12.31	30	71
36	今村昌平	映画監督	2003(H15)	12.1－12.31	30	77

37	山口淑子	元参議院議員	2004(H16)	8.1-8.31	30	84
38	篠田正浩	映画監督	2005(H17)	8.1-8.31	30	74
39	仲代達矢	俳優	2005(H17)	11.1-11.30	29	73
40	宮城まり子	ねむの木学園園長	2007(H19)	3.1-3.31	30	80
41	新藤兼人	映画監督・脚本家	2007(H19)	5.1-5.31	30	95
42	森　光子	女優	2007(H19)	12.1-12.31	30	87
43	香川京子	女優	2009(H21)	3.1-3.31	31	78
44	加山雄三	俳優	2009(H21)	7.1-7.31	30	72
45	有馬稲子	女優	2010(H22)	4.1-4.30	29	78
46	河竹登志夫	演劇研究家	2010(H22)	5.1-5.31	30	86
47	佐久間良子	女優	2012(H24)	2.1-2.29	28	73
48	蜷川幸雄	演出家	2012(H24)	4.1-4.30	29	77
49	植田紳爾	宝塚歌劇団名誉理事	2014(H26)	10.1-10.31	30	81
50	萩本欽一	コメディアン	2014(H26)	12.1-12.31	30	73
51	浅丘ルリ子	女優	2015(H27)	7.1-7.31	30	75
52	松岡　功	東宝名誉会長	2016(H28)	6.1-6.30	29	82
53	草笛光子	女優	2018(H30)	1.1-1.31	30	84
54	岸　惠子	女優	2020(R2)	5.1-5.31	30	87
55	堀　威夫	ホリプロ創業者	2021(R3)	2.1-2.28	27	88
56	吉行和子	女優	2021(R3)	5.1-5.31	30	85
57	山崎　努	俳優	2022(R4)	8.1-8.31	30	86

芸術家

1	山田耕筰	作曲家	1956(S31)	6.13-6.19	7	70
2	朝倉文夫	彫刻家	1958(S33)	12.17-12.31	15	75
3	川端龍子	画家・青竜社主宰	1959(S34)	4.13-5.7	25	74
4	井上八千代(四代目)	井上流家元	1959(S34)	11.3-11.15	13	54
5	東郷青児	洋画家	1960(S35)	8.12-9.5	25	63

6	富本憲吉	陶芸家	1962(S37)	2.1-2.20	20	76
7	東山魁夷	日本芸術院会員	1965(S40)	5.31-6.19	20	57
8	勅使河原蒼風	草月会家元	1965(S40)	6.20-7.9	20	65
9	岩田専太郎	画家	1967(S42)	8.1-8.25	25	66
10	豊道春海	書道家・芸術院会員	1968(S43)	9.10-9.28	19	91
11	前田青邨	画家・芸術院会員	1968(S43)	10.26-11.21	27	83
12	坂本繁二郎	画家	1969(S44)	5.21-6.14	25	87
13	熊谷守一	画家	1971(S46)	6.14-7.12	29	91
14	古賀政男	作曲家	1972(S47)	12.6-12.31	26	68
15	朝比奈隆	大阪フィルハーモニー常任指揮者	1973(S48)	7.18-8.14	28	65
16	奥村土牛	画家・芸術院会員	1973(S48)	9.11-10.7	27	84
17	谷口吉郎	建築家	1974(S49)	2.1-2.26	26	70
18	濱田庄司	陶芸家	1974(S49)	4.24-5.23	30	80
19	棟方志功	版画家	1974(S49)	9.17-10.15	29	71
20	中川一政	画家	1975(S50)	5.27-6.27	32	82
21	荒川豊蔵	陶芸家	1976(S51)	5.1-5.31	31	82
22	森口華弘	染色家・人間国宝	1976(S51)	12.7-12.31	25	67
23	橋本明治	画家・芸術院会員	1977(S52)	10.14-11.9	26	73
24	土門　拳	写真家	1977(S52)	12.7-12.31	25	68
25	山本丘人	画家	1978(S53)	9.21-10.16	26	78
26	猪熊弦一郎	画家	1979(S54)	1.1-1.31	31	77
27	小原豊雲	華道小原流三世家元	1979(S54)	8.22-9.16	27	71
28	藤山一郎	歌手	1979(S54)	12.7-12.31	25	68
29	松田権六	漆芸家・芸術院会員	1980(S55)	2.1-3.2	31	84
30	酒井田柿右衛門(十三代)	陶芸家	1980(S55)	6.3-6.30	29	74
31	平岡養一	木琴奏者	1980(S55)	8.31-9.30	31	73
32	加藤唐九郎	陶芸家	1981(S56)	5.1-5.30	30	83

33	服部良一	作曲家	1981(S56)	7.24-8.19	27	73
34	鹿島一谷	彫金家・人間国宝	1981(S56)	11.10-12.4	25	83
35	北村西望	彫刻家	1982(S57)	5.27-6.24	29	98
36	藤原　啓	陶芸家	1982(S57)	9.15-10.11	27	83
37	山口華楊	画家	1983(S58)	7.17-8.13	28	84
38	丹下健三	建築家	1983(S58)	9.10-10.10	30	70
39	吉田　正	作曲家	1985(S60)	7.3-7.31	29	65
40	上村松篁	画家	1985(S60)	9.1-10.1	31	82
41	千　宗室(十五代)	裏千家家元	1986(S61)	11.2-12.2	31	63
42	香取正彦	鋳金家・芸術院	1987(S62)	2.1-2.28	28	88
43	流　政之	彫刻家	1987(S62)	8.1-8.31	30	64
44	辻　久子	バイオリニスト	1988(S63)	4.1-4.30	29	62
45	佐藤忠良	彫刻家	1988(S63)	6.1-6.30	29	76
46	生江義男	桐朋学園理事長	1988(S63)	12.1-12.31	30	71
47	團　伊玖磨	作曲家	1989(H1)	4.1-4.30	29	65
48	西岡常一	宮大工棟梁	1989(H1)	11.1-11.30	29	81
49	隅谷正峯	刀剣作家	1990(H2)	8.1-8.31	30	69
50	平山郁夫	日本画家	1990(H2)	11.1-11.30	29	60
51	石井好子	歌手	1991(H3)	6.1-6.30	29	69
52	加山又造	日本画家	1992(H4)	7.1-7.31	30	65
53	秋山庄太郎	写真家	1993(H5)	6.1-6.30	29	73
54	ジョージ川口	ジャズドラマー	1993(H5)	8.1-8.31	30	66
55	マナブ間部	画家	1993(H5)	12.1-12.31	30	69
56	森　英恵	ファッション・デザイナー	1994(H6)	4.1-4.30	29	68
57	横尾忠則	画家	1995(H7)	5.1-5.31	30	59
58	辻　清明	陶芸家	1995(H7)	8.1-8.31	30	68
59	ピエール・カルダン	デザイナー・実業家	1996(H8)	4.1-4.30	29	73

60	飯田善國	彫刻家	1997(H9)	7.1-7.31	30	74
61	渡辺貞夫	ジャズ演奏家	1999(H11)	8.1-8.31	30	66
62	園田高弘	ピアニスト	2000(H12)	2.1-2.29	28	72
63	奥田元宋	日本画家	2000(H12)	3.1-3.31	30	88
64	藤田喬平	ガラス造形家	2000(H12)	12.1-12.31	30	79
65	加藤卓男	陶芸家	2002(H14)	4.1-4.30	29	85
66	船村　徹	作曲家	2002(H14)	5.1-5.31	30	70
67	栄久庵憲司	インダストリアル・デザイナー	2002(H14)	8.1-8.31	30	73
68	岩城宏之	指揮者	2003(H15)	10.1-10.31	30	71
69	野見山暁治	洋画家	2004(H16)	5.1-5.31	30	84
70	遠藤　実	作曲家	2006(H18)	6.1-6.30	29	74
71	小堀宗慶(十二世)	遠州茶道宗家	2006(H18)	8.1-8.31	30	83
72	磯崎　新	建築家	2009(H21)	5.1-5.31	30	78
73	芦田　淳	ファッション・デザイナー	2009(H21)	8.1-8.31	30	79
74	安野光雅	画家	2011(H23)	2.1-2.28	27	84
75	安藤忠雄	建築家	2011(H23)	3.1-3.31	30	70
76	山下洋輔	ジャズピアニスト	2011(H23)	6.1-6.30	29	69
77	小泉淳作	日本画家	2011(H23)	8.1-8.31	30	86
78	小澤征爾	指揮者	2014(H26)	1.1-1.31	30	79
79	絹谷幸二	洋画家	2015(H27)	11.1-11.30	29	72
80	小椋　佳	作詞・作曲家	2016(H28)	1.1-1.31	30	72
81	服部克久	作曲・編曲家	2016(H28)	11.1-11.30	29	80
82	高田賢三	ファッション・デザイナー	2016(H28)	12.1-12.31	30	77
83	谷口吉生	建築家	2017(H29)	6.1-6.30	29	79
84	前橋汀子	バイオリニスト	2018(H30)	10.1-10.31	30	74
85	コシノ・ジュンコ	ファッション・デザイナー	2019(R1)	8.1-8.31	30	80
86	樂　直入	陶芸家・15代樂吉左衛門	2020(R2)	2.1-2.29	28	70

87	杉本博司	現代美術作家	2020(R2)	7.1-7.31	30	72
88	山本耀司	ファッション・デザイナー	2021(R3)	9.1-9.30	29	78
89	宮田亮平	前文化庁長官	2022(R4)	2.1-2.28	27	76

古典芸能

1	市川猿之助（二代目）	歌舞伎俳優	1958(S33)	10.27-11.13	18	70
2	吉田難波掾	文楽人形遣い	1958(S33)	9.19-10.8	20	90
3	市川寿海（三代目）	歌舞伎俳優	1959(S34)	5.8-5.28	21	73
4	豊竹山城小掾	文楽座紋下	1959(S34)	2.3-2.23	21	81
5	桐竹紋十郎（二代目）	文楽人形遣い	1967(S42)	2.8-3.6	27	67
6	梅若六郎	能楽師・芸術院会員	1968(S43)	2.7-3.6	28	61
7	喜多六平太	能楽師・芸術院会員	1969(S44)	10.10-11.3	25	95
8	吉住慈恭（四代目）	長唄唄方・芸術院会員	1970(S45)	9.3-10.2	30	94
9	尾上多賀之丞（三代目）	歌舞伎俳優	1971(S46)	11.7-12.3	28	83
10	中村鴈治郎（二代目）	歌舞伎俳優・芸術院会員	1973(S48)	3.29-4.23	26	71
11	三遊亭円生（六代目）	落語家	1973(S48)	12.7-12.31	25	73
12	尾上松緑（二代目）	歌舞伎俳優	1975(S50)	12.7-12.31	25	62
13	野村万蔵（六世）	能楽狂言方・芸術院会員	1978(S53)	2.1-2.28	27	80
14	尾上梅幸	歌舞伎俳優・芸術院会員	1979(S54)	3.1-3.30	30	64
15	中村歌右衛門（六代目）	歌舞伎俳優・芸術院会員	1981(S56)	3.2-3.31	29	64
16	柳家小さん（五代目）	落語家	1984(S59)	2.1-3.1	29	69
17	片岡仁左衛門（十三代目）	歌舞伎俳優	1989(H1)	8.1-8.31	30	86
18	吉田玉男	文楽人形遣い	1991(H3)	9.1-9.30	29	72
19	茂山千作（四世）	狂言師	1994(H6)	10.1-10.31	30	75
20	中村雀右衛門（四代目）	歌舞伎俳優	1994(H6)	8.1-8.31	30	74
21	竹本住大夫（七代目）	文楽太夫	1999(H11)	4.1-4.30	29	74
22	桂　米朝	落語家	2001(H13)	11.1-11.30	29	76
23	中村富十郎（五代目）	歌舞伎俳優	2001(H13)	4.1-4.30	29	72

24	片山九郎右衛門（九代目）	能楽師	2005（H17）	12.1–12.31	30	75
25	中村鴈治郎（三代目）	歌舞伎俳優	2005（H17）	1.1–1.31	30	73
26	吉田蓑助（三代目）	文楽人形遣い	2007（H19）	9.1–9.30	29	74
27	松本幸四郎（九代目）	歌舞伎俳優	2011（H23）	12.1–12.31	30	69
28	桂　三枝	落語家	2012（H24）	5.1–5.31	29	69
29	野村　萬	狂言師	2013（H25）	8.1–8.31	30	83
30	市川猿翁（二代目）	歌舞伎俳優	2014（H26）	2.1–2.28	27	75
31	中村吉右衛門（二代目）	歌舞伎俳優	2018（H30）	7.1–7.31	30	74

作家

1	里見　弴	作家	1956（S31）	3.21–4.5	16	68
2	江戸川乱歩	探偵作家	1956（S31）	5.3–5.10	8	62
3	正宗白鳥	作家	1956（S31）	5.21–5.29	9	77
4	佐藤春夫	作家	1956（S31）	7.11–7.18	8	64
5	村松梢風	作家	1956（S31）	8.9–8.18	10	67
6	長谷川　伸	作家	1956（S31）	9.6–9.21	16	72
7	広津和郎	作家	1956（S31）	10.24–10.31	8	65
8	野村胡堂	作家	1956（S31）	12.3–12.10	8	74
9	武者小路実篤	作家	1956（S31）	12.22–12.31	10	71
10	久保田万太郎	作家	1957（S32）	1.12–1.26	14	68
11	荻原井泉水	俳人	1957（S32）	2.19–3.6	15	73
12	吉井　勇	歌人	1957（S32）	4.10–4.23	14	71
13	小島政二郎	作家	1959（S34）	7.18–8.8	22	75
14	高橋亀吉	経済評論家	1960（S35）	4.5–4.30	26	69
15	中山義秀	作家	1960（S35）	5.29–6.22	25	60
16	富安風生	俳人	1961（S36）	5.1–5.26	26	76
17	室生犀星	作家	1961（S36）	11.13–12.7	25	72
18	川田　順	歌人	1962（S37）	3.21–4.15	26	80

19	西條八十	詩人	1962（S37）	7.27－8.20	25	70
20	長谷川如是閑	日本芸術院会員	1963（S38）	1.1－1.31	31	88
21	尾崎士郎	作家	1963（S38）	6.27－7.24	28	65
22	水原秋桜子	俳人	1963（S38）	7.25－8.15	20	71
23	渋沢秀雄	随筆家	1964（S39）	6.11－7.10	30	72
24	大佛次郎	作家	1964（S39）	12.7－12.31	25	67
25	林　房雄	作家	1965（S40）	2.26－3.17	20	62
26	芹沢光治良	作家	1965（S40）	9.17－10.14	28	69
27	窪田空穂	歌人・芸術院会員	1966（S41）	3.8－4.4	28	89
28	山口誓子	歌人	1966（S41）	8.30－9.23	25	65
29	平林たい子	作家	1966（S41）	10.22－11.16	26	61
30	舟橋聖一	作家	1969（S44）	6.15－7.22	38	65
31	今日出海	文化庁長官	1969（S44）	8.22－9.15	25	66
32	井伏鱒二	作家	1970（S45）	11.1－12.2	32	72
33	小汀利得	評論家	1971（S46）	1.30－2.28	30	81
34	川口松太郎	作家	1971（S46）	3.1－3.26	26	72
35	横山隆一	マンガ家	1971（S46）	12.4－12.31	28	62
36	中村汀女	俳人	1972（S47）	5.13－6.4	23	72
37	石坂洋次郎	作家	1973（S48）	11.7－12.6	30	73
38	源氏鶏太	作家	1976（S51）	6.27－7.25	29	64
39	井上　靖	作家	1977（S52）	1.1－1.31	31	70
40	石川達三	作家	1978（S53）	3.1－3.31	30	73
41	尾崎一雄	作家	1978（S53）	5.31－6.29	30	78
42	北條秀司	劇作家	1978（S53）	7.29－8.23	26	76
43	藤沢桓夫	作家	1981（S56）	6.28－7.23	26	77
44	円地文子	作家	1983（S58）	5.22－6.21	30	78
45	永井龍男	作家	1984（S59）	8.19－9.17	30	80

46	田宮虎彦	作家	1985（S60）	11.1–12.1	31	74
47	阿川弘之	作家	1987（S62）	12.1–12.31	31	67
48	水上　勉	作家	1988（S63）	8.1–8.31	30	69
49	田河水泡	漫画家	1988（S63）	10.1–10.31	30	89
50	遠藤周作	作家	1989（H1）	6.1–6.30	29	66
51	佐藤愛子	作家	1990（H2）	5.1–5.31	30	66
52	瀬戸内寂聴	作家	1992（H4）	5.1–5.31	30	70
53	中村真一郎	作家	1993（H5）	5.1–5.31	30	75
54	黒岩重吾	作家	1995（H7）	10.1–10.31	30	71
55	安岡章太郎	作家	1996（H8）	5.1–5.31	30	76
56	金子兜太	俳人・現代俳句協会長	1996（H8）	7.1–7.31	30	77
57	田辺聖子	作家	1997（H9）	5.1–5.31	30	69
58	庄野潤三	作家	1998（H10）	5.1–5.31	30	77
59	清岡卓行	詩人・作家	1999（H11）	2.1–2.28	27	77
60	三浦哲郎	作家	2000（H12）	11.1–11.30	30	69
61	阿久　悠	作詞家・作家	2003（H15）	5.1–5.31	30	66
62	水木しげる	漫画家	2003（H15）	8.1–8.31	30	81
63	陳　舜臣	作家	2004（H16）	6.1–6.30	29	80
64	金森久雄	エコノミスト	2004（H16）	9.1–9.30	29	80
65	北　杜夫	作家	2006（H18）	1.1–1.31	30	79
66	小松左京	ＳＦ作家	2006（H18）	7.1–7.31	30	75
67	渡邉恒雄	読売新聞グループ本社代表取締役主筆	2006（H18）	12.1–12.31	30	80
68	森　澄雄	俳誌「杉」主宰	2007（H19）	8.1–8.31	30	88
69	平岩弓枝	作家	2008（H20）	7.1–7.31	30	76
70	岡井　隆	歌人	2008（H20）	10.1–10.31	30	80
71	津本　陽	作家	2009（H21）	12.1–12.31	30	80
72	渡辺淳一	作家	2013（H25）	1.1–1.31	30	80

73	倉本 聰	脚本家	2015(H27)	8.1-8.31	30	81
74	湯川れい子	音楽評論家・作詞家	2017(H29)	9.1-9.30	29	81
75	阿刀田 高	作家	2018(H30)	6.1-6.30	29	83
76	橋田壽賀子	脚本家	2019(R1)	5.1-5.31	30	94
77	里中満智子	マンガ家	2022(R4)	5.1-5.31	30	74

スポーツ界

1	三船久蔵	講道館十段	1957(S32)	10.14-10.28	15	74
2	時津風定次	日本相撲協会理事長	1960(S35)	1.23-2.9	18	48
3	武蔵川喜偉	日本相撲協会前理事長	1974(S49)	3.27-4.23	28	65
4	川上哲治	元巨人軍監督	1974(S49)	12.7-12.31	25	54
5	吉岡隆徳	東京女子体育大教授	1978(S53)	11.14-12.7	24	69
6	春日野清隆	日本相撲協会理事長	1982(S57)	12.4-12.31	28	57
7	宮本留吉	プロゴルファー	1983(S58)	8.14-9.9	27	81
8	鶴岡一人	元南海ホークス監督	1984(S59)	4.1-4.30	30	67
9	古橋廣之進	日本水泳連盟会長	1985(S60)	12.2-12.31	30	71
10	別所毅彦	野球解説者	1986(S61)	12.3-12.31	29	64
11	南部忠平	五輪金メダリスト	1987(S62)	6.1-6.30	30	83
12	二子山勝治	日本相撲協会理事長	1988(S63)	2.1-2.29	28	60
13	西本幸雄	野球解説者	1992(H4)	8.1-8.31	31	72
14	猪谷千春	国際オリンピック委員会委員	1995(H7)	3.1-3.31	30	64
15	杉下 茂	野球解説者	1997(H9)	2.1-2.28	27	72
16	大鵬幸喜	第48代横綱	2000(H12)	8.1-8.31	30	60
17	稲尾和久	元西鉄ライオンズ投手	2001(H13)	7.1-7.31	30	64
18	野村克也	シダックス監督	2005(H17)	6.1-6.30	29	70
19	ジャック・ニクラウス	プロゴルファー	2006(H18)	2.1-2.28	27	66
20	三浦雄一郎	プロスキーヤー	2006(H18)	9.1-9.30	29	74
21	長嶋茂雄	読売巨人軍終身名誉監督	2007(H19)	7.1-7.31	30	71

22	川渕三郎	日本サッカー協会会長	2008(H20)	2.1-2.29	28	72
23	吉田義男	元阪神タイガース監督	2008(H20)	6.1-6.30	29	75
24	青木　功	プロゴルファー	2010(H22)	2.1-2.28	27	68
25	広岡達朗	元ヤクルト、西武監督	2010(H22)	8.1-8.31	30	78
26	君原健二	五輪マラソン銀メダリスト	2012(H24)	8.1-8.31	30	71
27	岡本綾子	プロゴルファー	2013(H25)	5.1-5.31	30	62
28	トム・ワトソン	プロゴルファー	2014(H26)	5.1-5.31	30	55
29	王　貞治	福岡ソフトバンクホークス会長	2015(H27)	1.1-1.31	30	75
30	釜本邦茂	日本サッカー協会顧問	2016(H28)	2.1-2.29	28	72
31	樋口久子	日本女子プロゴルフ協会相談役	2016(H28)	10.1-10.31	30	71
32	江夏　豊	元プロ野球投手	2017(H29)	12.1-12.31	30	69
33	中嶋常幸	プロゴルファー	2019(R1)	7.1-7.31	30	64
34	中嶋　悟	元F1レーサー	2021(R3)	11.1-11.30	29	68

囲碁・将棋

1	橋本宇太郎	囲碁九段・王座	1957(S32)	5.13-5.23	11	50
2	木村義雄	将棋十四世名人	1957(S32)	12.11-12.31	21	52
3	瀬越憲作	囲碁名誉九段	1958(S33)	12.5-12.16	12	69
4	大山康晴	将棋十五世名人	1959(S34)	9.23-10.14	22	36
5	高川　格	囲碁九段・本因坊	1961(S36)	5.27-6.15	20	46
6	坂田栄男	囲碁二十三世本因坊	1964(S39)	10.24-11.12	20	44
7	加藤治郎	将棋名誉九段	1979(S54)	5.26-6.24	30	69
8	藤沢秀行	囲碁王座	1993(H5)	2.1-2.28	27	68
9	二上達也	日本将棋連盟会長	2000(H12)	5.1-5.31	30	68
10	林　海峰	囲碁棋士・名誉天元	2003(H15)	7.1-7.31	30	61
11	大竹英雄	囲碁棋士・名誉棋聖	2013(H25)	7.1-7.31	30	71
12	中原　誠	将棋名誉王座	2016(H28)	5.1-5.31	30	68
13	小林光一	囲碁棋士・名誉棋聖	2020(R2)	6.1-6.30	29	67

学者

1	茅 誠司	東京大学学長	1959(S34)	1.17-2.2	17	61
2	鈴木大拙	日本学士院会員	1961(S36)	9.28-10.18	21	91
3	小泉信三	慶應義塾大学塾長	1962(S37)	1.1-1.31	31	73
4	松下正寿	立教大学総長	1962(S37)	4.16-5.11	26	61
5	三島徳七	東京大学名誉教授	1963(S38)	10.9-11.7	30	70
6	大浜信泉	早稲田大学総長	1964(S39)	5.12-6.10	30	73
7	諸橋轍次	東京教育大名誉教授	1965(S40)	4.14-5.3	20	82
8	岡 潔	奈良女子大名誉教授	1965(S40)	12.6-12.31	26	64
9	高橋誠一郎	日本芸術院院長	1967(S42)	1.1-2.7	38	82
10	土屋喬雄	東京大学名誉教授	1967(S42)	4.5-5.4	30	71
11	中村白葉	ロシア文学者	1967(S42)	5.5-6.5	32	76
12	松前重義	衆議員・東海大総長	1967(S42)	8.26-9.24	30	66
13	谷川徹三	前法政大学総長	1967(S42)	12.5-12.31	27	72
14	麻生磯次	学習院大学院長	1968(S43)	4.7-4.28	22	72
15	貝塚茂樹	京都大学名誉教授	1968(S43)	7.22-8.20	30	64
16	太田哲三	一橋大学名誉教授	1968(S43)	11.22-12.6	15	79
17	久松潜一	東京大学名誉教授	1970(S45)	5.21-6.10	21	76
18	坂口謹一郎	東京大学名誉教授	1972(S47)	4.17-5.12	26	75
19	木村秀政	日本大学副学長	1972(S47)	6.5-6.29	25	68
20	内村祐之	東京大学名誉教授	1972(S47)	11.10-12.5	26	75
21	今西錦司	岐阜大学学長	1973(S48)	1.1-1.31	31	71
22	小原国芳	玉川学園総長	1974(S49)	10.16-11.9	25	87
23	糸川英夫	組織工学研究所所長	1974(S49)	11.10-12.6	27	62
24	末広恭雄	東京大学名誉教授	1975(S50)	8.23-9.16	25	71
25	森戸辰男	元中央教育審議会長	1976(S51)	2.2-3.1	29	88
26	小川芳男	東京外語大学学長	1977(S52)	5.27-6.25	30	69

27	東畑精一	東京大学名誉教授	1978(S53)	4.30－5.30	31	79
28	佐藤　朔	仏文学者・元慶應塾長	1982(S57)	6.25－7.20	26	77
29	福井謙一	京都工芸繊維大学学長	1983(S58)	3.1－3.29	29	64
30	向坊　隆	元東京大学学長	1984(S59)	10.16－11.11	27	67
31	西澤潤一	東北大学教授	1985(S60)	4.1－4.30	29	59
32	中村　元	インド哲学者	1985(S60)	5.1－5.31	31	73
33	小平邦彦	東京大学名誉教授	1986(S61)	2.1－3.3	30	71
34	林屋辰三郎	歴史学者	1986(S61)	4.1－4.30	30	72
35	小田　稔	理化学研究所理事長	1990(H2)	2.1－2.28	27	67
36	伊谷純一郎	人類学者	1991(H3)	2.1－2.28	27	65
37	河盛好蔵	仏文学者	1991(H3)	3.1－3.31	30	89
38	石川忠雄	前慶應義塾長	1994(H6)	2.1－2.28	27	72
39	江上波夫	考古学・東洋史学者	1994(H6)	7.1－7.31	30	88
40	梅棹忠夫	国立民族学博物館顧問	1996(H8)	1.1－1.31	30	76
41	渡辺　格	慶應義塾大学名誉教授	1997(H9)	1.1－1.31	30	81
42	樋口隆康	京都大学名誉教授	1998(H10)	10.1－10.31	30	79
43	白川　静	立命館大学名誉教授	1999(H11)	12.1－12.31	30	89
44	山根有三	東京大学名誉教授	2000(H12)	7.1－7.31	30	81
45	岸本忠三	大阪大学学長	2000(H12)	9.1－9.30	29	61
46	梅原　猛	哲学者	2001(H13)	5.1－5.31	30	76
47	宇沢弘文	東京大学名誉教授	2002(H14)	3.1－3.31	31	74
48	河合雅雄	霊長類学者	2002(H14)	10.1－10.31	30	78
49	小柴昌俊	東京大学名誉教授	2003(H15)	2.1－2.28	27	77
50	J・K・ガルブレイス	経済学者	2004(H16)	1.1－1.31	30	96
51	ピーター・ドラッカー	米クレアモント大教授	2005(H17)	2.1－2.28	27	96
52	加藤　寛	千葉商科大学学長	2005(H17)	5.1－5.31	30	79
53	江崎玲於奈	物理学者	2007(H19)	1.1－1.31	30	82

54	青木昌彦	スタンフォード大学名誉教授	2007（H19）	10.1–10.31	30	69
55	谷川健一	民俗学者	2008（H20）	5.1–5.31	30	87
56	野依良治	理化学研究所理事長	2008（H20）	9.1–9.30	29	70
57	小宮隆太郎	日本学士院会員	2008（H20）	12.1–12.31	30	80
58	篠原三代平	一橋大学名誉教授	2009（H21）	6.1–6.30	29	89
59	益川敏英	物理学者	2009（H21）	11.1–11.30	29	69
60	下村 脩	生物化学者	2010（H22）	7.1–7.31	31	82
61	木田 元	哲学者	2010（H22）	9.1–9.30	29	82
62	小田島雄志	東京大学名誉教授	2011（H23）	7.1–7.31	30	80
63	米沢富美子	慶應義塾大学名誉教授	2012（H24）	6.1–6.30	29	74
64	根岸英一	有機科学者	2012（H24）	10.1–10.31	30	77
65	フィリップ・コトラー	マーケティング学者	2013（H25）	12.1–12.31	30	82
66	利根川 進	分子生物学者	2013（H25）	10.1–10.31	30	74
67	松本 紘	理化学研究所理事長	2015（H27）	6.1–6.30	29	73
68	大村 智	北里大学特別栄誉教授	2016（H28）	8.1–8.31	31	81
69	石毛直道	文化人類学者	2017（H29）	11.1–11.30	29	80
70	山折哲雄	宗教学者	2018（H30）	3.1–3.31	30	86
71	茅 陽一	地球環境産業技術研究機構理事長	2018（H30）	12.1–12.31	30	84
72	五百旗頭 真	政治外交史家	2019（H31）	2.1–2.28	27	75
73	野中郁次郎	一橋大学名誉教授	2019（R1）	9.1–9.30	29	84
74	小宮山 宏	三菱総合研究所理事長	2020（R2）	11.1–11.30	29	75
75	辻 惟雄	美術史家	2021（R3）	1.1–1.31	30	88

医師

1	田崎勇三	癌研付属病院長	1958（S33）	3.16–4.4	20	60
2	武見太郎	日本医師会会長	1967（S42）	6.6–7.9	34	63
3	緒方知三郎	日本医科大学老人病院研究所所長	1970（S45）	7.9–8.4	27	87
4	沖中重雄	虎ノ門病院院長	1971（S46）	7.13–8.10	29	69

5	榊原　仟	東京女子医科大学病院長	1973（S48）	5.23－6.19	28	63
6	塚本憲甫	国立がんセンター総長	1974（S49）	2.27－3.26	28	70
7	大塚敬節	北里大学東洋医学総合研究所長	1975（S50）	6.28－7.26	29	75
8	山村雄一	大阪大学前学長	1989（H1）	10.1－10.31	30	71
9	日野原重明	聖路加看護大学学長	1990（H2）	9.1－9.30	29	79
10	杉村　隆	国立がんセンター総長	1993（H5）	11.1－11.30	29	67
11	斎藤茂太	精神科医	1995（H7）	12.1－12.31	30	79
12	石坂公成	免疫学者	2005（H17）	3.1－3.31	30	79
13	早石　修	生化学者	2006（H18）	3.1－3.31	30	86

宗教界

1	橋本凝胤	法相宗管長・薬師寺管主	1965（S40）	2.2－2.25	24	68
2	池田大作	創価学会会長	1975（S50）	2.1－3.4	32	47
3	御木徳近	PL教団教主	1978（S53）	10.17－11.12	27	78
4	庭野日敬	立正佼正会会長	1982（S57）	4.27－5.26	29	76
5	立花大亀	臨済宗大徳寺派顧問	1984（S59）	1.1－1.31	30	84
6	葉上照澄	比叡山長臈	1987（S62）	10.1－10.31	30	84
7	山田恵諦	天台座主	1992（H4）	12.1－12.31	30	97
8	有馬頼底	京都仏教会理事長	2003（H15）	3.1－3.31	30	70
9	森本公誠	東大寺長老	2014（H26）	8.1－8.31	30	80
10	多川俊映	興福寺貫首	2018（H30）	11.1－11.30	29	71

おわりに

本書では、「私の履歴書」のダイジェスト版として、876名の中から100人を選んで紹介いたしました。本書の原稿を書いていると、乃木希典将軍や三島由紀夫など、もっとご紹介したいエピソードや情報が次々と思い浮かび、困ってしまうほどでした。

本書の「はじめに」でも記したとおり、私のホームページ「吉田勝昭の『私の履歴書』研究（https://biz-myhistory.com/）」では、今回紹介した100人の他に876名の要約を掲載しています。

「私の履歴書」の登場者は、ホームページのTOPページ「登場者一覧」から探すことができます。「掲載年順」では、掲載開始の昭和31年（1956年）まで遡《さかのぼ》れます。その他に、「最終学歴順」「生誕地別」「あいうえお順」で分けていますので、ご興味がある項目で検索すれば、思いがけない名前を見つけることができるでしょう。また、「分類で発見」では、登場者に関わる数字や関係性を見ることができ、興味深いデータとなっています。

TOPページの「登場者一覧」以外の見出しでは、「学ぶ」や「楽しむ」の項目があります。これは、「学ぶ」では仕事や、経営、人生のヒントになるエピソードを紹介しています。「苦労雨は美しい虹に」では、登場者が困難や試練に立ち向かったエピソードを、「楽しむ」では歴史的なエピソードや、「私の履歴書」の補足資料を見ることができます。その他に、登場者と中村天風《てんぷう》先生との関係を知る項目もあります。

これらのデータは、本書や他の拙著を制作にするにあたり、元になったデータです。本書で興味を持った登場者以外の登場者も、ご笑覧いただければ嬉しいです。

最後になりましたが、この本を出版するにあたっていろいろな方にお世話になりました。「私の履歴書」研究会の仲間たちの温かい応援・支援、特に加藤弘次氏にはHPの校閲までご協力をいただきました。そして最後まで執筆を勇気づけてくださり、編集を手伝ってくださったPHPエディターズ・グループの池谷秀一郎氏、立野豊氏など、これらの人たちの強い後押しがなければ、この本の出版はできませんでした。ここに、これらの方々に心からお礼を申し上げ感謝いたします。

吉田勝昭

令和5年6月30日

本書は、日本経済新聞社より「私の履歴書」の商標使用許諾を得ております。

〈著者略歴〉

吉田勝昭（よしだ　まさあき）

1966年､関西学院大学法学部政治学科卒業。同年、日本ケミファ㈱入社。営業、総務、人事、経営企画部門等を経験し、1995年取締役に就任。常務取締役、取締役専務執行役員を歴任。

一般社団法人 中小企業診断協会本部・理事（2005～2011年）

公益財団法人 日本ユースリーダー協会・常務理事（2010～2020年）

公益財団法人 天風会 千葉の会・代表（2014～2020年）

【現在】

- 公益財団法人 天風会 評議員
- 一般社団法人 東京都中小企業診断士協会 医療ビジネス研究会・顧問
- 任意団体「私の履歴書」研究会 主宰

【著書】

『ビジネスは「私の履歴書」が教えてくれた』2012年、中央公論事業出版

『「私の履歴書」61年の知恵』2018年、ＰＨＰエディターズ・グループ

『〔新装改訂版〕人生を「私の履歴書」から学ぶ』2020年、ＰＨＰエディターズ・グループ

ホームページ（「私の履歴書」専用）：https://biz-myhistory.com/

特別編集ダイジェスト版
「私の履歴書」100人が教えてくれた 人生を生き抜くヒント

2023年7月20日　第1版第1刷発行

著　者　吉田勝昭
発　行　株式会社ＰＨＰエディターズ・グループ
〒135-0061　東京都江東区豊洲5-6-52
☎03-6204-2931
http://www.peg.co.jp/
印　刷
製　本　シナノ印刷株式会社

ISBN978-4-910739-30-4